Marie-Thérèse Schins und Joachim M. Huber

Du bist noch da

Marie-Thérèse Schins, Autorin und Journalistin sowie Dozentin für Literatur, Sprache und Kommunikation an der Hochschule für Angewandte Wissenschaften Hamburg, hat über zwanzig Bücher veröffentlicht, davon sieben zum Thema Abschied und Trauer. Sie ist Mitbegründerin des Instituts für Trauerarbeit ITA e.V. in Hamburg.

Joachim M. Huber, Fotograf, arbeitet nach längeren Aufenthalten in London, New York und Paris heute im eigenen Studio. Zahlreiche Ausstellungen und Bildbände.

Viele der Aufnahmen in diesem Buch sind nicht nur mir als Fotograf zu verdanken. Zu einem Großteil verdanken sie ihre Eindringlichkeit dem Mut und dem Vertrauen der dargestellten Personen, die die Anwesenheit meiner Kamera zuließen. Dafür danke ich ihnen an dieser Stelle von Herzen. Außerdem möchte ich Sigrun Baum, Isolde Grünewald und Karin Jerusalem dafür danken, dass sie Schicksal gespielt und dieses Projekt rückhaltlos und loyal unterstützt haben. Und nicht zuletzt bin ich den Mitarbeitern des Kinderhospizes ›Bärenherz‹ dankbar, dass sie mir in unnachahmlicher Weise mit immer heiterem Gemüt viel gezeigt haben, ohne dass sie es erklären mussten. *Joachim M. Huber*

Bibliografische Information der Deutschen Nationalbibliothek
Die Deutsche Nationalbibliothek verzeichnet
diese Publikation in der Deutschen Nationalbibliografie;
detaillierte bibliografische Daten sind im Internet über
http://dnb.d-nb.de abrufbar.

Walter Verlag, Mannheim 2010

Umschlagmotiv: © Joachim M. Huber
Covergestaltung und Innenlayout: Gabriele Burde
Printed in Germany
ISBN 978-3-530-50616-7

Marie-Thérèse Schins
und Joachim M. Huber

Du bist noch da

Ein Erinnerungsalbum

Walter

Einleitung ◗ Nach einem Vortrag über Abschieds- und Sterberituale in anderen Kulturen traf ich den Fotografen Joachim Huber. Er beschäftigt sich wie ich schon länger mit dem Thema Abschied und Trauer. In einer Ausstellung sah ich seine verhaltenen, stillen und meditativen Schwarz-Weiß-Fotos, die er unter anderem in einem Kinderhospiz aufnehmen durfte. Die Bilder rührten mich zutiefst. Porträts, Momentaufnahmen der innigen Liebe zwischen Eltern und Kind – aber auch Verzweiflung oder tiefe Trauer über das Kind, das sich verabschiedet, waren zu spüren. Augenblicke des Innehaltens und der Meditation, mit ihrem Kind im Arm, beim Zusammenlegen der Dinge, die Kind, Eltern und auch Geschwister miteinander verbinden und verbunden haben. Eine Kerze, auf einem Tisch, das Licht für die Seele des Kindes, die irgendwo unterwegs ist und einen Platz finden wird. Dort, wo niemand von uns hier auf der Erde jemals war. Das Seelenkind, das dort genauso gut aufgehoben sein wird, wie es hier aufgehoben war.
Die Fassungslosigkeit des Verlassenwerdens, der körperlichen Endgültigkeit. Stimmen von Menschen, die ich bei ihrer Trauer begleiten durfte, ergänzen sich in diesem Erinnerungsbuch.
Vor allem die Geschwisterstimmen sammelte ich. Alle Beiträge beschäftigen sich mit dem, was in ihnen war und ihnen wichtig ist. Mit dem, was man nicht vergessen möchte. Alle, mit denen ich Kontakt aufnahm, ließen sich auf meine Vorbereitungsgespräche ein und sagten übereinstimmend: »Mein Kind, mein Bruder, meine Schwester ist immer da. Auch nach all den Tagen und Jahren!«

Trauer geht nie fort, Trauer ist immer da. Sie ändert sich, aber begleitet uns durch das ganze Leben. Briefe, Tagebuchnotizen, Texte, Gespräche und Bilder legte ich wie ein Puzzle zusammen.

Dieses Buch soll Mut machen, die Erinnerungen zu bewahren, sie wieder anzusehen und sie, auch wenn es manchmal schmerzlich ist, als Geschenk und Bereicherung anzunehmen.

Du bist noch da kann stärken und anregen. Es kann helfen, dazu zu stehen, dass Trauer nicht nur Betroffene, sondern auch Menschen, die mit ihnen zu tun haben, manchmal hilflos macht.

Wut und Empörung über den Tod, aber auch Angst vor dem eigenen Tod haben hier einen Platz. Der Verklärung, zu der wir neigen, wenn es um Verstorbene geht, soll entgegengesetzt werden, dass es nicht nur helle, sondern auch dunkle Seiten gab und gibt: bei den Verstorbenen, aber ebenfalls bei uns selbst. Dieses Erinnerungsalbum ist ein kostbarer und intimer Schatz geworden, aus dem geschöpft werden darf. All das, was hier zu finden ist, gehört genauso zum Abschiednehmen wie zum Geborenwerden.

Mein großer Dank an alle, die es ermöglichen,
Du bist noch da. Ein Erinnerungsalbum aus der Hand zu geben.

Marie-Thérèse Schins

Als **Stefanie,** heute 38 Jahre, und ich uns kennenlernten, hatte sie eine unbeschreibliche Wut und eine abgrundtiefe Trauer in sich. Ihr kleiner Bruder Marco wurde während einer Urlaubsreise mit den Eltern auf dem Weg in den Süden vor ihren Augen auf einem Zebrastreifen von einem Auto erfasst und tödlich verletzt. Stefanie war sechzehn Jahre, ihr Bruder fünf. Jahrelang sprach sie vom ›Mörder‹ ihres Bruders.
Marie-Thérèse

Mein Bruder Marco ist tief in mir drin Ich heiße Stefanie. Meinen Charakter zu beschreiben fällt mir schwer. Ich glaube, ich kann das gar nicht. Ich gerate schnell aus der Ruhe, fange mich aber auch bald wieder. Nachtragend bin ich kaum.
Mein älterer Bruder Andreas meint, ich sei drastisch. Alles, was ich fühle und mache – da knie ich mich voll rein, in schlechte oder gute Laune… Ich war in der Zeit, als mein kleiner Bruder noch gelebt hat, sehr unbeliebt. Damals steckte ich voller Minderwertigkeitskomplexe. Ich akzeptierte mich selbst nicht und dachte, ich wäre das Letzte – Abfall und Abschaum. Deswegen träumte ich immer davon, im Mittelpunkt zu stehen und überall beliebt zu sein, wie es mein Bruder Marco war. Mein Bruder war immer nur er selbst. Vielleicht war es deshalb so beliebt.
Durch Marco bin ich in vielem reicher geworden. Es tut mir in der Seele weh, wenn ich daran denke, dass ich ihn nie wiedersehen werde.
Irgendwann fing ich damit an, mir meine Gedanken über alles zu machen, über das Leben und so. Dabei kam ich zu dem Schluss, dass ich so auf keinen Fall weitermachen konnte und wollte. Ich musste hart an mir arbeiten und mich ändern. Ich wollte in Zukunft so leben, dass mein Bruder stolz auf mich gewesen wäre. Und so, dass ich selbst glücklich bin.
Durch den Tod meines Bruders habe ich mir auch viele Gedanken über den Tod gemacht. Dadurch habe ich keine Angst mehr vor dem Sterben. Der Tod gehört zum Leben, nur wenn man ihn akzeptiert, kann man auch leben. Ich will in Ruhe sterben. Meinen Bruder werde ich nie vergessen. Alles, was ich tue, tut er mit mir. Er ist in mir drin. Da wird er auch immer bleiben. Es ist ein schönes Gefühl, dass ich nicht missen will. Ich glaube, mein Bruder Marco wäre stolz auf mich.

Stefanie, mit 18 Jahren

Dies und das

Du und ich, wir hatten dies und das:
blanke Kiesel, Muscheln, Vogelnester.
Kugeln auch aus bunt gestriemtem Glas.
Und du warst der Bruder, ich die Schwester.
Und wir stritten uns um dies und das:
um Kastanien, Kolben aus dem Röhricht.
Und wurden groß, und es schien töricht.
Es erschien uns als ein Spiel,
als ein Nichts erschien uns dies und das.

Heute nun, da du vor mir des Balles
müde warst, und er in meiner Hand
liegen blieb wie ein vergessenes Pfand,
weiß ich: Dies und das, ach war es viel!
Lieber Bruder, dies und das war alles…

Stefanie, mit 25 Jahren

Nun bin ich erwachsen, 38 Jahre alt, habe zwei Kinder, einen Mann, einen eigenen Haushalt – und eine gesunde Neugier auf alles Neue.
Ich habe meinen Vater und meine Mutter verlassen, ich habe mich von meinem Bruder Andreas räumlich und in Gedanken entfernt.
Aber mein verstorbener Bruder Marco ist immer noch da, tief in mir, und er mischt sich immer wieder in mein Leben ein. Er begleitet mich in meinem Alltag. Er ist älter geworden und manchmal richtig ungemütlich, ein streitlustiger Bursche, der überall seine Nase hineinsteckt.
Wollt ihr wissen, wie ich das meine?

Zum Beispiel letzten Montag · Mein neunjähriger Sohn hatte seine Hausaufgaben wieder mal nicht fertig. Als der Lehrer mich darauf anspricht und ich so richtig wütend werde, sagt Marco in mir: »Macht nichts, der wird seinen Weg schon finden. Hauptsache, er lebt!«
Damit war ich nicht einverstanden.
»Das ist doch nicht richtig. So wird er nicht verstehen, dass es wichtig ist, seine Aufgaben zu erledigen. Hauptsache, er lebt? Das ist keine Antwort für ein Kind. Er soll lernen, sich in einer Gesellschaft zurechtzufinden! Es ist meine Aufgabe, ihm die Regeln beizubringen, die dazu notwendig sind.«

Oder letzten Dienstag · Meine zweijährige Tochter hat mich ganz schön auf Trab gehalten. Um 5.30 Uhr stand sie vor meinem Bett und wollte in den Kindergarten gebracht werden. Als ich mich anzog, nutzte sie die Zeit zum Frühstücken: Es gab eine Tüte Kuchenbackmischung. Vom Gesicht bis zu den Füßen war sie bepudert. Ich stellte ich sie erst einmal unter die Dusche, woraufhin sie aus Leibeskräften schrie: »Kein Wasser! Kein Wasser!«
Inzwischen war die ganze Familie, wenn auch noch sehr verschlafen, aufgewacht: »Wo hat sie das bloß her?«
Gestochen scharf tauchte mein Bruder Marco vor meinem inneren Auge auf. Und er lächelte hintersinnig.

Und am Mittwoch · schloss ich die Haustür auf und sah schon im Flur eine Vielzahl kleiner Blutspritzer. Mein Herz raste. Mit den schlimmsten Befürchtungen lief ich die Treppe hoch.
Mein Sohn öffnete die Tür und präsentierte stolz seinen linken Daumen. Er war dick und mit Panzerband umwickelt. »Ich habe mir beim Schnitzen in den Finger geschnitten und es war gerade kein Verbandsmaterial im Haus.« Gerade als ich anfing, mich über diesen ›Unsinn‹ und den Schrecken, den mein Sohn mir eingejagt hatte, zu ärgern, hörte ich in mir eine beruhigende Stimme: »Was ist schon Schlimmes passiert? Sei doch froh, dass es nur ein kleiner Schnitt war. Er wusste sich doch zu helfen.« Und ich wusste: Dieses Mal hatte Marco Recht!

Am Donnerstag dann · war es ungewöhnlich ruhig. Man könnte auch sagen: idyllisch. Ich setzte mich auf den Balkon, legte die Beine hoch und sonnte mich. Auch mein Bruder Marco schlief den ganzen Tag.

Freitag · kam mein Sohn auf einmal mit einem alten Fotoalbum zu mir. Er zeigte mir alte Kinderfotos von Marco. »Wer ist das denn?«
»Das ist Marco, mein kleiner Bruder.« Erstaunt schaute er mich an. »Warum habe ich ihn noch nicht kennengelernt.«
»Weil er tot ist, lange schon. Er lebte schon nicht mehr, als du geboren wurdest.«

Eine Zeit lang war es still. Dann folgte die nächste Frage. Sie lag ihm am Herzen.
»Wie ist das so, wenn einer nicht mehr da ist?«
»Hm, stell dir mal vor, deine Schwester ist auf einmal nicht mehr da.«
»Ich wüsste gar nicht, was ich mit meiner Zeit anfangen sollte.«

»Das ist richtig. Man hat mehr Zeit. Und in jeder Minute, in der du mehr Zeit hast, denkst du über diesen Menschen nach, der nicht mehr da ist. Über das, was unwiederbringlich verloren gegangen ist. Über das, was zu Ende ist, und irgendwann auch darüber, dass etwas neu anfängt. Das ist ungefähr so:

A MON ÉPOUX
JEAN ARIOLI
1914-1993
A NOTRE GRAND PERE

Der Sinn des Trauerns oder ein Ende mit Anfang · ›Jede Regenzeit sollte einmal ein Ende haben. Selbst die Wüste wäre bereits zu einer Sumpflandschaft geworden, bei so vielen Tränen.‹
›Meine Augen haben gar kein Wasser mehr. Sie sind matt und müde. Aber die Trauer hält an, und so weine ich weiter.‹
›Hast du Samen?‹
›Die Trauer!‹
›Dann werfe sie den Tränen hinterher und schaue, ob da ein wenig blüht und gedeiht in der Erde, die du so sorgfältig begossen hast!
Die Trauer ist wichtig. Das lässt sich auch in deinen Augen nicht verbergen. So werden deine Augen irgendwann wieder leuchten, um durch ihr Licht das Samenkorn zum Wachsen zu bringen.‹ «

Konzentriert hörte er zu.
»Wie alt ist dein Bruder geworden?«
»Nicht alt. Er war fünf, als er starb.«
Seine Augen fingen an zu funkeln. Er war empört.
»Es ist doch gemein, wenn ein Kind sterben muss!«
»Sieh es einmal anders. Es ist ein Glück, alt zu werden.«

Abschließend ließ ich am Samstag und Sonntag · die Woche Revue passieren. Ich dachte nach. Mein Bruder Marco wusste, wie er sich zu benehmen hatte.
Er ließ mich in Ruhe.
So konnte ich meine Gedanken fliegen lassen wie einen Drachen im Herbstwind, erst leicht, dann plötzlich aufpeitschend und stürmisch, wobei sie in eine andere Richtung schwenkten, um dann wieder zur Ruhe zu kommen und unter der Sonne im milden Wind davonzusegeln.
Die Gespräche mit meinem Sohn haben mich nachdenklich gestimmt. Ist der Tod eines lieben Menschen nun eigentlich eine Chance oder eine Bürde?

Ich konnte und kann diese Frage nicht abschließend beantworten. Das Leben ist einfach zu komplex.
Mein Bruder war ein Wirbelwind. Als er gestorben ist, brach ein Sturm los. dieser brachte Trauer und Hoffnungslosigkeit – und zerstörte das gesamte Familiegefüge. Wir alle waren damals an unserem absoluten Tiefpunkt angekommen. Wir alle haben uns gegenseitig von einer Seite kennengelernt, die wir am liebsten nie gesehen hätten. Auch heute enttäuscht mich noch, dass wir es nicht geschafft haben, zusammen das Ruder herumzureißen und ein wenig zusammenzuhalten. Für mich gab es damals nur einen Weg: Ich musste weg von meiner Familie. Erst danach ging es mir wieder besser. Erst danach konnte ich klar denken. Und dann ging es steil bergauf.
Heute denke ich, dass ich recht gut weiß, wer ich bin und wo ich hingehöre. Ich habe mir ein gutes Leben aufgebaut, und ich kann es genießen. Ich weiß nicht, ob das so wäre, wenn meine Vergangenheit anders gewesen wäre, wenn mein Bruder noch leben würde. Vielleicht hätte mir der Mut gefehlt.
So gesehen habe ich den Tod meines Bruders durchaus als Chance begriffen.

Die Chance · Dinge, die Sicherheit geben, sind nicht mehr so wichtig. Sie können einem jederzeit genommen werden. Eine große Wohnung, ein guter Job, viel Geld und auch jemand, der sich beständig um einen sorgt – all das kann plötzlich verschwinden. Und das reißt einem den Boden unter den Füßen weg, wenn dieser Teil des Lebens zu viel Raum eingenommen hat.
Lebe den Augenblick und plane die Zukunft gelassen. Handeln musst du eh im Hier und Jetzt. Pläne müssen immer wieder neu angepasst werden. Ist das Konstrukt zu starr, dann musst du fallen.
Sage und tue nichts, was du anschließend bereust, denn du weißt nicht, ob du je die Gelegenheit bekommst, es wiedergutzumachen. Erwarte nicht, dass der andere dich versteht oder verstehen will.
Diese Leitsätze haben mir schon oft geholfen, in schweren Situationen die Ruhe zu bewahren und mit Kraft zu handeln.

Von der Kunst, ein Leben zu bauen

Eines Abends, als der Tod mir ins Ohr flüsterte:
»Es ist so weit«, da stand ich auf und folgte ihm.
Er war gut zu mir und nahm mich an die Hand.

Er brachte mich zu einem riesigen Bauwerk und sagte:
»Schau es dir ruhig an. Es ist dein Leben,
mit dem du so lange beschäftigt warst.«

Staunend stand ich vor diesem großen Werk.
Ich war gespannt, was es alles in sich birgt.
Ich atmete den Duft ein, den es mir schickte.
Es war mein Geruch.
Ich schaute auf die Form, die es angenommen hatte.
Es war die Gestalt meiner Gefühle.

In der Mitte erblickte ich einen schmalen Turm mit Zinnen,
der mich sehr erregte.
Ich war entzückt und berührte ihn mit den Fingerspitzen,
sanft und vorsichtig.
Da fiel der Turm um und fiel vor meine Füße, ohne Form.

Ehe ich es fassen konnte, kam der Tod wieder zu mir.
»Nicht sehr solide, was du da gebastelt hast.
Komm mit mir, ich zeige dir, wie man richtig baut.«

So gingen wir weiter, den Weg, den er bestimmte, und ich dachte noch:
»Hatte ich ein Glück, dass mein Leben nicht schon vor dem heutigen Tag in Trümmern vor meinen Füßen lag.«

Stefanie, mit 22 Jahren

Und die Bürde · Da gibt es eine Vielzahl von gesellschaftlichen Anforderungen, die erfüllt werden müssen und denen ich mich stellen muss. Denn ich möchte meinen Kindern beibringen, wie man in einer Gesellschaft gut zurechtkommt.
Es ist wichtig, seine Aufgaben so gut wie möglich zu erfüllen. Es ist wichtig, Vereinbarungen stets einzuhalten. Es ist wichtig, sich an Regeln zu halten, die das Zusammenleben vereinfachen. Lerne zu verhandeln. Es ist wichtig, die eigenen Interessen so zu vertreten. Erziehe deine Kinder nicht zu ›soft‹, sonst lernen sie nicht, was richtig ist.
All das stets ernst genug zu nehmen und diesen Ernst zu vermitteln empfinde ich als Bürde. Denn der Tod meines Bruders Marco hat mich Nachsicht gelehrt.

So, nun habt ihr mich eine ganze Woche lang begleitet, und ihr wisst, wie sich mein verstorbener Bruder immer wieder in mein Leben einmischt!
All denen, die vor kurzem etwas Ähnliches erlebt haben – bei denen jemand verstarb, der ihnen lieb und wichtig war, und die jetzt, in diesem Moment, diese Zeilen lesen –, all denen möchte ich noch etwas mit auf dem Weg geben:

»Es kommt der Tag, da könnt auch ihr wieder lachen. Es kommt der Tag, da könnt auch ihr dem Leben wieder etwas Schönes abgewinnen. Und es kommt der Tag, da werdet ihr nicht mit Verzweifelung, sondern mit Liebe an den Menschen denken können, der euch ein kleines Stück begleitet hat. Aber stellt euch darauf ein, dass ihr bis dahin einem anstrengenden und steinigen Weg folgen werdet.«

Auf einmal · Auf einmal war er da, der Tag, an dem es mir wichtiger war, in einem Topf Vanillepudding zu rühren, als die Vorstellung, zu Michael Jacksons Beerdigung zu fahren. Oder von Frau Merkel zum Kaffee eingeladen zu werden. An dem Tag war mir tatsächlich der Pudding wichtiger.
Auf einmal war es so, dass ich meinen Vanillepudding schön scharf mochte. Also holte ich die Pfeffermühle aus dem Schrank und mahlte so lange, bis eine dünne schwarze Schicht meinen Pudding bedeckte.

18 Auf einmal wollte ich dann den Pudding mit Pfeffer nur noch tiefgefroren essen. Das war der Tag, an dem ich beschloss, nicht mehr über dich nachzudenken, sondern die Vergangenheit zusammenzuraffen und in eine Schublade zu stopfen. Und zwar ohne zu zögern.
Und das war der Tag, an dem ich mir meine Wanderschuhe anzog und losging, um zu schauen, was draußen passiert.

Epilog · Nie wieder in diesem Leben werde ich meinem kleinen Bruder in die Augen schauen. Oder mit ihm lachen. Ich weiß nicht, wie er heute aussehen würde, was ihn ausmachen würde, ob ich mich mit ihm verstehen würde. Und ich werde all das auch nicht mehr erfahren.
Würde ich mich ihm jetzt immer noch so nahe fühlen, wenn er noch leben würde?
Auch auf diese Frage gibt es keine Antwort.
Fakt ist: Sein Tod und die Zeit danach waren eine intensive Erfahrung für mich und haben mich sehr geprägt. Antworten und Erklärungen zu finden war mir sehr wichtig. Ich wollte nicht, dass das alles sinnlos gewesen ist. Antworten konnte mir kein Mensch geben. So habe ich meine Fantasie gefragt… Fantasie ist eine große Gabe und wir alle sollten sie viel öfter nutzen! Das Geschehene ist dann leichter zu akzeptieren.

Stefanie, mit 37 Jahren

Manchmal, wenn es dunkel wird · Manchmal geht es mir schlecht. Dann sitzt ein kleiner schwarzer Bote in meinem Kopf und flüstert mir böse Gedanken ins Ohr. Einmal hatte er sich so sehr häuslich eingerichtet, dass er gar nicht mehr fortgehen wollte. Er fühlte sich wohl und er wuchs und wuchs.
Ich wusste keinen Rat mehr und fragte einen guten Freund, ob er wisse, was man da tun könne.
Mein Freund hatte schon viel erlebt und war sehr weise.
Mein Freund, das war der Mond.
Er schickte seine Strahlen zu mir herab und sprach: »Was erzählt er dir?«
»Böse Dinge über die Zukunft«, antwortete ich.

Der Mond lächelte: »Schau, ich habe so viele Kinder, die hier oben neben mir am Himmel stehen. Weshalb suchst du dir nicht eins aus, dass dich beschützt und dir den Weg beleuchtet, den du noch gehen willst? In einer solchen Gesellschaft fühlt sich der kleine schwarze Bote bestimmt nicht wohl.«

Dieses Geschenk nahm ich dankend an.
Und der Mond hatte Recht.
Jedes Mal, wenn der kleine schwarze Bote mich besucht, schaue ich zum Himmel und sehe meinen Stern lustig funkeln. Da vergesse ich dann für einen kleinen Moment alles um mich herum.
Und wenn ich dann wieder an die Zukunft denke, hat der Strolch schon längst seine Koffer gepackt und sich davongeschlichen.

Stefanie, mit 25 Jahren

Warten

Für Marco, sollten wir uns wiedersehen

Ich warte darauf, dass du mir etwas erzählst, doch du bist stumm.
Ich warte darauf, dass du dir etwas von mir wünschst, doch auch das tust du nicht.
Du siehst nicht das Hoffen in meinen Augen
und ich sehe nicht das Deine.

Ich warte darauf, dass tausend leuchtende Düsenflieger die Dunkelheit zerschneiden,
die meine und deine Gedanken trennen.
Ich warte darauf,
dass sich dein Himmel zu meinen Füßen senkt.
Ich warte, denn warten kann ich.

Ich warte darauf,
dass sich deine Wünsche bunt und schillernd in deinen Augen spiegeln
und sie so in Farbe tauchen.
Ich warte darauf,
dass die Tür, die dein Herz verriegelt, sich langsam öffnet.
Nach und nach, auch wenn sie schon lange nicht mehr offen war und in den Angeln quietscht.
Ich bitte um Einlass.

Darauf warte ich, denn warten kann ich, auch allein.

Stefanie, mit 23 Jahren

Der Freiheitsvogel spricht:

»Ich schenke dir dieses Ei. Behüte es.
Warte ab, was es dir bringt.«
Dann fliegt er fort. Die Schwester staunt.
Nun ist sie nicht mehr allein.
Sie wartet.

Stefanie, mit 23 Jahren

Die Eisblume oder ein stiller Gruß

Die Welt vereist in Wellen,
in der Zeit,
im Monat: Schnee.

Eine Blume wächst ganz glatt,
ganz kalt,
am Fenster: zackig.

Sie sitzt am Fenster
und starrt in mich hinein
und ich weiß:
ich bin mit ihr verwandt.

Sie lächelt mich an
und sendet tausend unausgesprochene Worte.

Stefanie, mit 23 Jahren

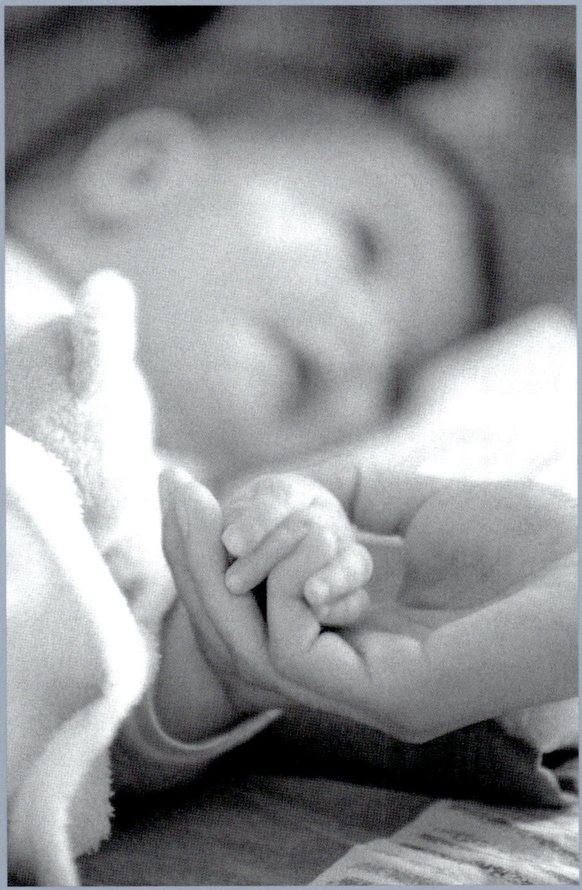

24 *Liebe und Freiheit* · Ich mache den Kühlschrank auf und schaue, ob ich etwas von den letzten Ereignissen und Erinnerungen darin wiederfinde.
Etwas, in das ich sie einsperren kann, damit sie mir nicht verloren gehen.
Etwas, das ich immer wieder anfassen kann.
Doch im Kühlschrank finde ich nichts. Also schließe ich die Tür wieder.
Ich überlege, was ich tun kann, um Beweise für deren Existenz zu bekommen.
Ich brauche sie.
Und habe Angst, dass die Erinnerungen mir davonlaufen.
Ich möchte auch die Ereignisse festhalten, damit ich sie weiterleben kann.
Die Zeit fliegt mir davon. Die Erinnerungen und Ereignisse werden mir fehlen, wenn sie nicht mehr da sind.
Also gehe ich spazieren, um noch schneller zu sein als sie.
Doch auch so lassen sie sich nicht für die Ewigkeit einfangen.
Ich setze mich zu Hause hin und koche Tee, versuche sie so zu verführen, länger bei mir zu verweilen.
Ich stelle zwei Tassen auf den Tisch, eine für die Ereignisse und Erinnerungen, die andere für mich.
In beide fülle ich Tee. Ich trinke aus der einen Tasse und schaue in die andere, die niemand leert.
Bedeutet das, was man Liebe nennt, etwas festhalten zu wollen?

Stefanie, mit 25 Jahren

1972 wurde ich geboren. Ich redete spät, nicht gern und wenig. 1979 wurde ich eingeschult. Ich lernte, Buchstaben zu formen und Worte zu bilden. Das tat ich gern und viel. 1980 schrieb ich Spiegelbildergeschichten, die von meiner Deutschlehrerin mit Hilfe eines kleinen Taschenspiegels gelesen wurden. »Das Kind hat eine blühende Fantasie«, sagte sie oft. Und zu meiner Mutter sagte sie: »Sorgen sie dafür, dass Steffi nie aufhört zu schreiben. Ihre Texte machen Spaß.«

Der rote Klatschmohn

Die Sonne glühte
und kämpfte um ihr Tageslicht,
doch die Nacht stieg auf.
Sie war erbarmungslos und schön.

Sie ließ meine Seele kurz leben,
mehr als je zuvor,
dann verblühte sie schnell.

Jedes Blütenblatt fiel ab,
erst eins, dann zwei…
Sie landeten auf dem Grab meines Bruders
und zerfielen dort zu Staub.

Die Nacht, so erbarmungslos und schön,
hat ihn geholt.
Sie hat gesagt:
»Es ist Zeit, du musst gehen.«

Mich ließ sie hier,
vor der Zeit verblüht.

Stefanie, mit 18 Jahren

P.S.
Inzwischen ist aus der Blume
eine Samenkapsel geworden.
Und aus der Samenkapsel wieder eine Blume.
Sie schaukelt im Wind, raschelt leise
und verteilt ihre Samen mal zur einen,
mal zur anderen Seite.
Ab und zu kommt ein Vogel
und pickt einige der Samen vom Boden auf.
Er trägt sie weiter.
Vielleicht entdeckst du im nächsten Jahr auch bei dir
eine rote Blume.

Stefanie, heute

1983 ging ich in eine andere Schule und hörte auf zu schreiben. Mein Interesse schlief ein und machte sich nur ab und zu durch lautes Schnarchen bemerkbar.
1989 starb mein Bruder. Wir hatten Herbstferien. Am ersten Schultag nach den Ferien erzählte jeder von seinen Erlebnissen. Es wurde viel gelacht.
Als ich an der Reihe war erzählte ich: »… und er ist im hohen Bogen wie eine Puppe über das Auto geflogen, mit dem Kopf gegen eine Steinmauer geprallt und dann ist er schlaff und regungslos liegen geblieben…« Betretenes Schweigen. Und das war schlimm!
Von da an blieb ich stumm. Doch ich ertrug die Stille nicht, und so fing ich an, heimlich, wenn es keiner hörte, flüsternd zu erzählen. Was ich besonders wichtig fand, schrieb ich auf.
Da erwachte es wieder, mein Interesse für das Schreiben!

Stefanie Spötter

Du, kleine Schwester, bist immer noch da ✻ Jetzt. Über ein Jahr nach dem schrecklichen Unfall, bei dem meine Schwester Sandra ums Leben kam, will ich versuchen, das aufzuschreiben, was seither passiert ist, was sich seither verändert hat, wie ich mich, wie sich meine Familie und meine Umwelt verändert haben. Ich will versuchen, den unbeschreiblichen Schrecken und Schmerz über das Unverständliche und dessen Folgen in Worte zu fassen und zu Papier zu bringen.

Jetzt, im Nachhinein, kann ich die Beziehung zu meiner Schwester charakterisieren. Siebzehn Jahre hatten wir zusammen. Es war eine Zweisamkeit mit vielen Höhen und Tiefen. In den beiden letzten Jahren, bis zu ihrem Tod, wurde unser Verhältnis immer besser und derart gut, vertraut und offen, dass ich nach ihrem Tod spürte, nicht nur eine Schwester, sondern auch eine Freundin verloren zu haben.

Ihre Gedichte haben mir Mut gemacht und mir geholfen, nach ihrem Tod weiterzuleben. Zum Glück hat sie viele ihrer Gedanken aufgeschrieben, und diese Gedichte- und Gedankensammlung ist für uns Trost, Hilfe und Zuversicht. Sie hat uns unbeabsichtigt einen Schatz hinterlassen, dessen Wert unermesslich ist.

Folgendes Gedicht schrieb sie nur wenige Tage vor ihrem Tod:

Jan, heute 39 Jahre, war eines meiner ersten ›Trauerkinder‹. Auf den anfänglichen Bildern, die er malte, beherrschte seine mit siebzehn Jahren tödlich verunglückte Schwester Sandra fast die ganze Papierfläche, und Jan malte sich selbst nur von hinten, meistens mit dünnen Buntstiften und irgendwo in der Ecke. Später dann, nach mehreren Seminaren, malte er einen riesigen, bunten Sonnenaufgang. Jan und ich blieben bis heute miteinander in Kontakt. Wir lernten viel aus unserer großartigen Freundschaft, in der wir gaben und nahmen und immer noch dankbar aus unseren Erfahrungen schöpfen und daran wachsen dürfen. *Marie-Thérèse*

So, nun sitz ich hier – allein,
allein mit meinen Gedanken, allein mit meinen Gefühlen,
allein mit den Dingen, die ich dir
gerne sagen möchte.

Es ist eigentlich ein schönes Gefühl,
dieses Alleinsein spüren, erleben,
einfach ausschöpfen zu können.

Doch dann kommt es auf, dieses Gefühl der Angst,
Angst, für immer allein zu sein,
Angst, nicht mehr gehört zu werden,
Angst, dass meine Gedanken sich ins Leere verlaufen können.

Dann spüre ich einen Funken, einen kleinen Funken nur in mir,
der mir sagt, dass ich nicht allein bin,
der mich fühlen lässt, dass da noch andere sind,
die mit mir denken und denen ich – vielleicht – etwas bedeute,
der mich erinnert an die vielen vor kurzem oder langem erlebten Dinge,
der mich meine Erfahrungen spüren lässt,
eine Art Weisheit.
Ich sehe gute wie schlechte Seiten in meinem Leben,
versuche zu entdecken, was sie bewirkt haben in mir,
wie sie sich verändert haben und auch noch verändern,
und so lerne ich dazu.

Ich wäge ab, spüre Stolz über durchgestandene Tiefen,
fühle Glück über derart Erlebtes.

…dann schaue ich auf, lausche meiner Umgebung,
sehe in die Zukunft mit vermeintlich großer Kraft.

Sandra Wagner, 17 Jahre †

Ob sie geahnt hat, was ihr bevorstand?
Jan Wagner, mit 20 Jahren

Zwanzig Jahre später, und du, kleine Schwester, bist immer noch da! Und darüber bin ich froh, ganz und gar dankbar, dass ich das so spüren kann und darf. Du warst erst wenige Wochen tot, und mich befiel damals schon die Angst, ich könnte dich vergessen... dass du eines Tages irgendwann, irgendwie aus meinen Gedanken oder, viel schlimmer, aus meinen Gefühlen verschwinden würdest...
Es kam alles anders, meine Angst war unbegründet. Na klar, es gibt Tage, an denen ich nicht an dich denke... ich habe sie nicht gezählt.
Es ist auch keine Bürde; nein, es ist gut, zu wissen, dass es dich gab, es ist gut, zu wissen, das du noch da bist. Das bewusste Erinnern wird weniger, im Unbewussten hingegen bist du seit Jahren schon angekommen, du bist Teil von mir, Teil meiner Persönlichkeit, Teil meines Selbst. Das bewusste Erinnern wird weniger und doch erinnere ich mich gerne an dich, als an jemanden, mit dem ich die prägendste Zeit meines Lebens verbracht habe. Auch wenn ich mittlerweile länger ohne dich als mit dir lebe – es waren siebzehn Jahre mit dir.
Mir fällt ein, dass ich in den vergangenen zwanzig Jahren nicht ein Mal die alten Familienalben in die Hand genommen habe – nicht ein Mal in zwanzig Jahren; von den alten Super-8-Filmen ganz zu schweigen... ob ich sie mir jemals noch einmal anschauen werde?
Es macht mich traurig, dass ich deine Stimme nicht mehr erinnere, dass mir deine Gesten und Mimik nur noch schemenhaft in Erinnerung sind, dass mir deine Sprüche und Gedanken, unsere Witze und Späße kaum mehr erinnerbar sind. Das macht mich traurig, denn all das warst du, denn all das hatten wir.
Ich bin erstaunt, dass du mir in Träumen noch begegnest, immer fern, immer nur am Rande, kurz, einem Statisten gleich, läufst du durchs Bild, sprichst Kommentare, lachst, wirkst frei und heiter, gehst und bist weg. Ich bin im Traum kurz nur irritiert, dich hier so unangemeldet zu sehen, nicht einmal verwundert darüber, dass du überhaupt erscheinst... und bleibe dann, wenn du gegangen bist, auch nicht verstört oder unglücklich zurück; eher wie jemand, der sich einer ungezwungenen Form von Freundschaft bewusst ist, bei der man sich nur alle Jubeljahre sieht, ohne sich aus den Augen zu verlieren.

Du erscheinst mir in lebendiger Form, immer wieder, doch ich habe Angst, dass, wenn ich dich benenne, du dann wegbleibst und dich nicht mehr zeigst. Deshalb verrate ich dich nicht. Ich freue mich aber immer, wenn du diese kleinen Wesen schickst, die mir immer und überall schon begegnet sind.

Auch heute werde ich noch gefragt, ob ich Geschwister habe... und wie immer in den letzten zwanzig Jahren lautet die Antwort: zwei. Und wie immer überlege ich für den Bruchteil einer Sekunde, ob ich meinem Zuhörer eine Zusatzerklärung geben möchte, dass der Eine, der Bruder, lebt und die Andere, die Schwester, schon tot ist.

Auf all meinen Reisen – sei es in den Harz oder nach Vietnam – war es mir von Anfang an ein wichtiges Bedürfnis, in Kirchen, Klöstern, Tempeln oder Moscheen Kerzen anzuzünden oder Opfergaben darzubringen. Ich halte mich nicht für religiös, erlebe dabei aber eine tiefe Entspannung, eine Verbindung zu Sandra, zu dem Ort, wo sie jetzt ist. Durch mich sieht sie, was ich sehe, durch mich ist sie dort, wo ich bin – so spüre ich das.

Als vor wenigen Wochen meine Schülerin Franzisca mit sechzehn Jahren plötzlich an einer Lungenembolie verstarb – auch ohne Vorzeichen, so wie du –, da ging es mir sehr schlecht, Berufliches und Privates verschwammen miteinander, ich konnte keine professionelle Haltung entwickeln und gab den Versuch, sie einzunehmen, dann auch auf.

Ich habe dich gebeten, dich um Franzi zu kümmern, schließlich kommt sie ja nun zu ›euch‹. Doch von dir kam scheinbar nichts... aber im Halbschlaf sprach Franzi zu mir, in ihrer liebenswert schnoddrigen und selbstbewussten Art: »Herr Wagner, mach dir keine Sorgen! Ich komm schon klar!« – Ihr lieben Toten seid schon komisch.

Jan Wagner

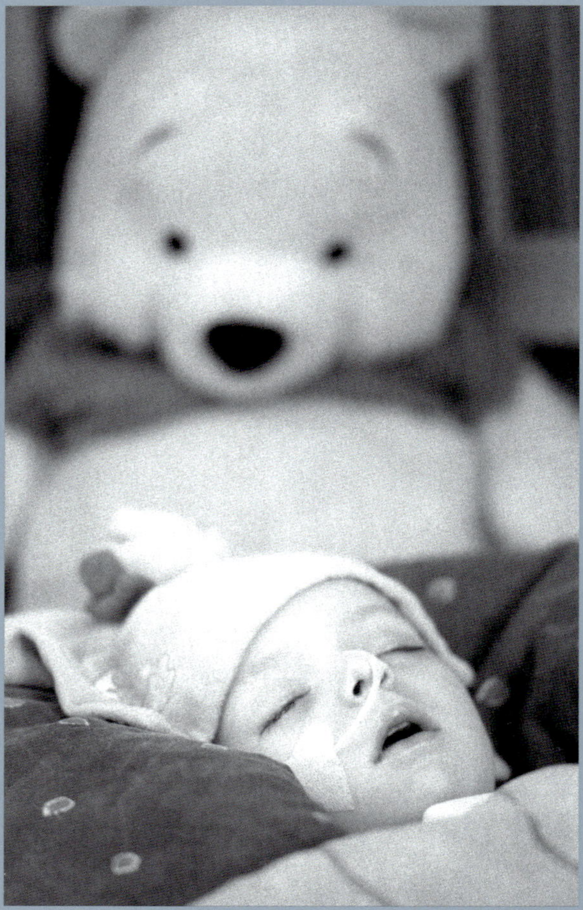

Durch das Schreiben in (Trauer-)Seminaren fand **Katharina**, heute 25 Jahre, ihren Weg, um Abschied zu nehmen von ihrem kleinen Bruder Sebastian. Katharina wusste, dass das Baby im Bauch ihrer Mutter Herzprobleme und daher keine hohe Lebenserwartung hatte. Der Tod des kleinen Bruders – sie war damals vierzehn – lässt sie bis heute nicht los. *Marie-Thérèse*

Ich vermisse mein Leben ohne dich ☆ Alles ist gut, wie es kommt. Es hat alles seinen Sinn, auch wenn wir ihn nicht klar erkennen können, es gibt ihn. Er gibt uns die Kraft zum Weiterleben.

Halleluja, er ist da! Um 1.30 Uhr hat Papa aus dem Krankenhaus angerufen. Es ist alles ganz schnell gegangen. Bis jetzt wäre alles okay. Ich bin sofort vor Freude schreiend durchs Haus gerannt und habe meine kleinen Schwestern geweckt.

Ich war heute bei ihm. Wir haben ihn getauft. Er heißt Sebastian. Er liegt da, total verkabelt, mit einer grünen Hand von den ganzen Stichen, und schläft. Ich habe ihn nur einmal kurz berührt (Kreuzzeichen), konnte ihm noch nicht mal einen Kuss geben. Ich habe ihn schrecklich lieb. Morgen wird er zum ersten Mal operiert und dann dürfen wir vielleicht in vier Wochen wieder zu ihm.
Ich habe wahnsinnige Angst um ihn.

Drei Tage später. Er lebt noch. Schlicht und einfach. Punkt.

Heute ist alles anders. Er wird sterben. Es gibt keine Hoffnung mehr. Es ist vorbei. Es ist nur eine Frage der Zeit. Es liegt an der Entzündung. Wir sind ins Krankenhaus gefahren. Es sieht noch viel süßer aus als bei der Taufe. Alle, die sagen, dass es für Sebastian besser so ist, haben noch nie gesehen, wie eine Mutter leidet und wie schrecklich es ist, ein quietschlebendiges Kind zu verabschieden.
Auf den Tod warten, das ist das Schlimmste, was es gibt, vor allem, wenn du weißt: Es hätte nicht sein müssen. Das kleine Baby, gerade erst einen Monat alt, hat bisher nur die schrecklichste Seite der Welt kennengelernt und muss sterben.

Sebastians Todestag. Jetzt ist er tot. Einfach tot. Mein Bruder. Mein kleiner Bruder. Unser Baby. Tot. Ich kann mich damit nicht abfinden. Niemals.
Heute Mittag ist es passiert. Meine Eltern haben ihn die ganze Zeit im Arm gehalten. Dann setzte sein Herz aus und er hörte auf zu atmen.

Jetzt liegt er friedlich da, auf einem Kissen – tot. Meine Eltern waren noch mal da, sie sagen, er sieht total lebendig aus. Und Sebastian? Der gehört fest zu unserer Familie, wie jeder andere auch. Nur dass er nicht mehr hier ist. Sebastian, wir lieben dich. Vergiss uns niemals, auch ich werde dich nie vergessen können. Wir hatten nicht viel Zeit zusammen, aber wir sind froh, dass wir dich hatten und dass du friedlich eingeschlafen bist. Du bist unser Baby, unser Schatz, das Größte, was wir haben. Egal, wo du jetzt bist, wir haben dich ganz doll lieb. Vergiss das nie. Einen ganz dicken Kuss von deiner großen Schwester.

Mein Sebastian, ich vermisse ihn. Mir geht's heute so richtig scheiße. Heute vor einem Jahr ist er gestorben. Ich sitze hier und fresse wie bescheuert Schokolade. Hauptsache, süß. Aber auf Haribo habe ich absolut keinen Bock. Hauptsache, Schokolade. Weiß, braun, schwarz, Pralinen, Ostereier, Rocher, Ritter-Sport-Trüffel-Zeug und so weiter. Habe ich wenigstens was zu tun. Meine Droge. Ich will nicht, dass es schon ein Jahr her ist, ich will nicht, dass ihn die Zeit von mir wegzieht. Ich will, dass es mir so dreckig geht wie vor zwölf Monaten. Der Schmerz ist eine der wenigen Sachen, die ich noch von ihm habe, warum also loslassen? Ich habe keine Filme mehr von ihm im Kopf, nur noch Bilder. Das ist schrecklich! Heute Abend verliere ich ihn zum zweiten Mal. Wieder etwas endgültiger. Ich habe Angst. Angst vor der Zeit, die vergeht: noch weniger von ihm.

Katharina, mit 15 Jahren

Heute habe ich mich mit meiner Hoffnung an einen Stern geklammert. Es war der erste, der am Himmel stand, als es noch hell war. Er war sozusagen mein Hoffnungsschimmer. Sebastians Hoffnungsstern. Er wurde nie ganz von Wolken verdeckt, er kam immer wieder zum Vorschein. Und so soll Sebastians Leben sein: unbesiegbar.

Katharina, mit 14 Jahren

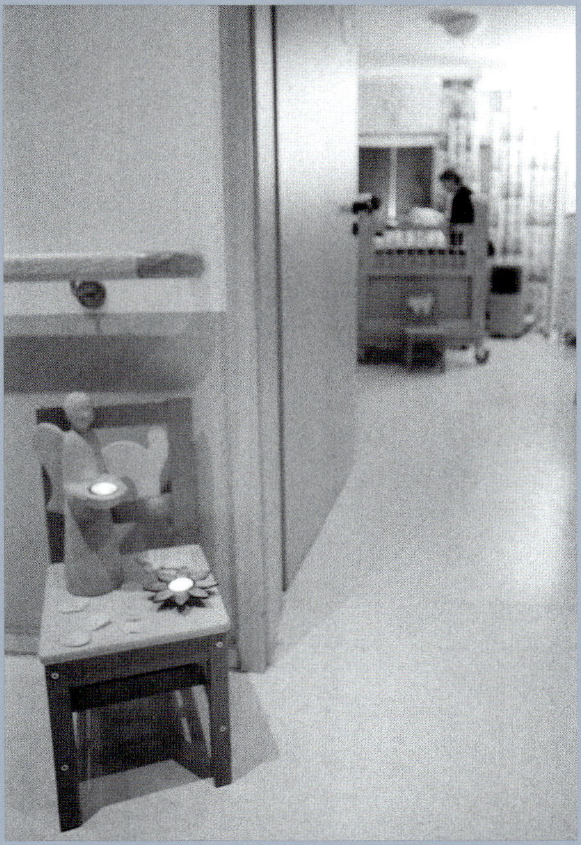

Ich vermisse
mein Leben
ohne dich

es hängt irgendwo
zwischen dir und mir
und ich traue mich nicht
danach zu greifen
um nicht den Kontakt zu dir
zu verlieren
ich vermisse
mein Leben
ohne dich

denn ich habe es
verloren
weil ich ihm nicht
die nötige Beachtung schenkte
sondern dir

ich vermisse
mein Leben
ohne dich

denn es ist von mir
fortgegangen
weil es lieber dort verweilt
wo es Grund hat
und das ist bei dir
ich vermisse
dich
mein Leben

Katharina, mit 16 Jahren

Im Winter 2006 drehte **Katharina,** inzwischen Studentin für Drehbuchschreiben und Regie, einen Kurzfilm in Schwarzweiß, in dem sie einen siebenjährigen Jungen agieren lässt. So stellt sie sich Sebastian vor, der jetzt so alt wäre. Sie spricht während des Films einen eindringlichen Text, der fast weh tut *Marie-Thérèse*.

Ich erinnere mich nicht an sein Gesicht. Ich weiß nicht, ob er jetzt blond gelockt und blaugrünäugig ist, wie Papa. Ist seine Nase knollig wie Mamas? Wie ist das Verhältnis, in dem seine Augen zu seiner Nase stehen?
Ich will ihn beschützen. Ich will meine Verantwortung für ihn einlösen. Aber ich kann nicht. Ich habe versagt. Ich versage Tag für Tag und soll mich nicht drum scheren.

Kannst du mir sagen, wie du heißt? Hast du Geschwister, große, kleine? Sind sie dir das Wichtigste auf der Welt? Was bringt dir Glück? Du weißt es nicht. Du bist nicht Sebastian.
Katharina ist 13, als ein Wunder geschieht. Ihre Mama wird schwanger und Katharina ein bisschen mit. Katharina ist 14, als passiert, was nicht passieren kann: Ihr Bruder stirbt. Katharina ist 15, als sie ihren ersten Freund hat und nie mehr verlassen werden möchte. Kathrina ist 16, als sie erschrickt, weil ihre Freundin Lisa sich freut, dass sie wieder lacht. Katharina ist 17, als sie sich eine Babyrassel kauft. Katharina ist 18, als ihre Mutter noch dünner und dünner wird. Katharina ist 19, als sie Weihnachten zum ersten Mal nicht mehr schrecklich, sondern egal findet. Katharina ist 20 und muss sich immer noch zwingen, ›ich‹ zu sagen.
Solange Sebastian tot ist, solange werde ich ihn vermissen.
Katharina drückt sich davor zu erzählen, wie viele Geschwister sie hat. Katharina schämt sich, wenn andere ihre Trauer wahrnehmen. Katharina fühlt sich kriminell, wenn sie fremde Kinder beobachtet. Sie haben ihr gesagt: Es war nur ein Baby. Sie haben ihr gesagt: Du warst noch ein Kind. Sie haben ihr gesagt: Sei stark, denk nicht mehr daran. Katharina will stark sein: Sie will an ihn denken.
Seine Freunde kennen seinen Namen nicht. Sie kennen ihn nicht, sie haben ihn noch nie gehört. Aber ganz sicher wären sie seine Freunde geworden. Sie sind seine Freunde.
Einen Punkt. Mehr sieht Katharina noch nicht, Ultraschall. Wenige Wochen ist er in Mamas Bauch, als sie ihn ungeduldig Pünktchen nennt... Wenige Monate ist er in Mamas Bauch, als sie ihn stolz mit Anton anspricht. Jetzt ist sein Name Sebastian.

Ich erinnere mich nicht an sein Gesicht. Ich weiß nicht, wer der siebenjährige Sebastian ist. Ich weiß nicht, was er liebt. Ich kenne nicht seine Freunde.
Aber da ist ein Gefühl für ihn im Bauch. Ein Gefühl, das so stark ist, dass es nach etwas Körperlichem verlangt. Katharina ist 20 und hat ein starkes Gefühl im Bauch. Ganz tief in ihrer Mitte.
Ich will es bewahren.

Katharina, mit 20 Jahren

Mein Bruder ist nun seit elf Jahren tot. Eigentlich habe ich das Gefühl, dass ich einen guten Umgang damit gefunden habe. Sebastian hat seinen Platz in meinem Leben. Wenn ich möchte, spreche ich über ihn, aber es kann auch sein, dass ich einige Zeit gar nicht an ihn denke. Ich nehme mir den Raum, den ich brauche. Und trotzdem passiert es, dass mich sein Tod manchmal ganz neu und schrecklich intensiv überrascht. Das mag ein Bild sein, das mich an ihn erinnert und das ich schon lange nicht mehr vor Augen hatte, oder ein Gefühl wie der Schmerz, ihn nicht zurückhaben zu können, das ich schon lange glaubte, überwunden zu haben, und das durch einen Film, den ich sehe, oder eine Situation, in der ich mich befinde und die der damaligen irgendwie gleicht, plötzlich wieder hervorkommt. Solche Momente überwältigen mich so stark, brechen mit solcher Gewalt über mich herein, als wäre in der Zwischenzeit gar nichts geschehen und Sebastian wäre gerade erst gestorben. Ich kann nicht sprechen, weil Worte wild in meinem Hals herumtoben und ich nicht kontrollieren kann, was, wenn ich den Mund öffnen würde, herauskäme.
Trotzdem bin ich sehr dankbar für diese Momente, weil sie mich auf das zurückwerfen, was wirklich passiert ist, weil sie mich herausreißen aus dem lauen Vor-sich-Hinleben, weil sie mich erden. Hinterher kann ich wieder freier atmen, sehe alles um mich herum klarer und fühle mich stärker.

Katharina, mit 25 Jahren

Stille mich

Aus meiner Stille
Löse ich meine Angst
Haue ich meine Wut
Reiße ich meine Enttäuschung
Trenne ich meine Trauer
Breche ich meine Verzweiflung

Damit ich danach wieder
In Stille
Wachsen kann

Katharina, mit 17 Jahren

Katharina drehte einen Film über Lizzy, die mit 44 Jahren ihr Kurzzeitgedächtnis durch einen Hirntumor verloren hatte. Katharina begleitete sie in ihrer schweren Krankheit und beim Sterben. Durch die Erfahrungen, die Katharina beim Tod ihres kleinen Bruders und danach gemacht hatte, konnte sie Lizzy aus ihrem Leben gehen lassen und Abschied von ihr nehmen. *Marie-Thérèse*

Deine Augen sind nur einen Spalt breit geöffnet. Kaum lässt sich das Weiße von dem Farbigen unterscheiden. Starr liegen deine Augen da. Nie habe ich Augen stillstehen sehen. Nicht mal geschlossene Augen – selbst wenn ich dachte, sie stehen still, jetzt sehe ich, wie stillstehende Augen tatsächlich aussehen. Tot.
Ich stehe einen Meter entfernt vom Fußende deines Bettes. Es ist so schrecklich. Mir ist kalt. Eine betäubende Übelkeit ist in mir. Die Stille schreit. Ich kann nicht näher. Es geht nicht. Du hast nicht ›Komm rein‹ gesagt. Da ist eine Wand zwischen uns. Ich bin versteinert. Du siehst so furchtbar aus. Du siehst so tot aus. Die fahle Haut, deine Haut, pergamentartig wächsern. Weiß. Dein Kinn verschwindet im Hals, dein blaulippiger Mund ist leicht geöffnet, deine Mundwinkel ziehen nach unten. Eine Grimasse. Eine Maske. Ich kann nicht näher zu dir, weil du da nicht bist.
Ich habe es mir so oft vorgestellt, wie es ist, wenn ich reinkomme wie immer, und du bist tot. Ich habe mir vorgestellt, wie es ist, wenn du nicht atmest, wenn du dich nicht bewegst, wenn du kalt bist. Ich habe mir vorgenommen, zu dir zu gehen und bei dir zu sein. Ich habe noch nie einen erwachsenen toten Menschen gesehen. Ich habe dich noch nie so gesehen. Bist du das? Bist du hier?
Als ich das letzte Mal bei dir war, hast du auf einmal kurz und heftig nach Luft geschnappt und dein Körper blieb für den Bruchteil einer Sekunde still. Bis dahin hatte ich gedacht, dass es okay ist, wenn du stirbst. Ich habe geglaubt, dass es dir dann besser geht, dass der Krebs dich lange genug gequält hat, dass wir schon jede erdenkliche Form von Abschied gefunden haben. Aber in diesem Sekundenbruchteil habe ich gespürt, wie es ist, wenn dein Körper so ganz und gar stillsteht. Wenn nichts mehr ist in dem Körper. Wenn nichts mehr kommt aus dem Körper. Mein Kopf hat gedröhnt, es waren nur noch Fetzen in meinem Kopf, atme weiter, atme weiter, atme weiter!
Nun muss ich ihn aushalten, den Moment, in dem du nicht atmest. Und ich werde ihn aushalten müssen, bis ich dich verlasse und nie mehr wiedersehe. Mein Kopf dröhnt. Nichts ist gut. Nichts hier ist gut. So will ich dich nicht in Erinnerung behalten, so nicht!

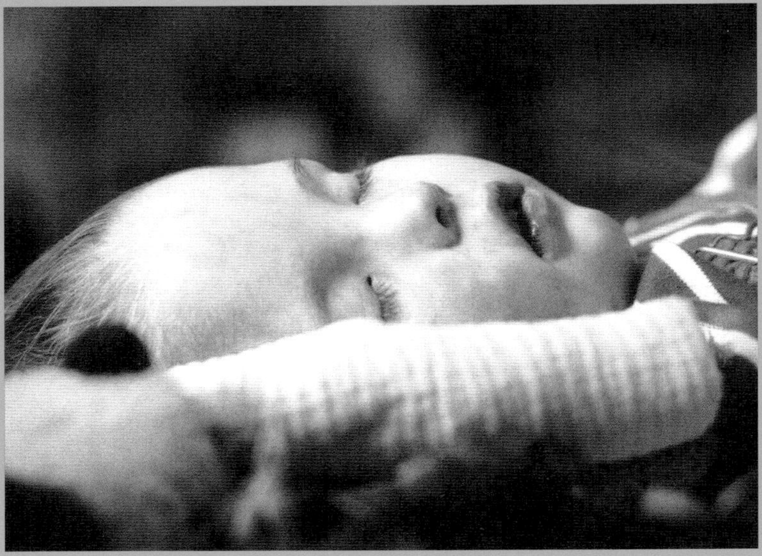

Du hattest ein schönes Lachen mit geraden weißen, starken Zähnen. Du hast gerne gelacht.

Ich muss dir nahekommen. Ich muss diese Wand durchbrechen. Ich will dir ein letztes Mal nahe sein. Ich will bei dir sein. Langsam gehe ich näher an dein Bett. Mit jedem Schritt muss ich eine Tonne nach vorn schieben. Ich habe Angst. Ich habe solche Angst, dass du immer noch nicht da bist, wenn ich bei dir bin. Mein Körper zittert. Aber ich laufe weiter, weil meine Beine nicht wieder loslaufen könnten, bliebe ich einmal stehen. Und ich darf auch nicht neben deinem Bett stehen bleiben, nein, ich muss mich auf die Bettkante setzen, wie immer. Ich muss dich ganz genau anschauen, ich muss dich suchen.

Deine blonden Haare sind dünn geworden. Kaum ist mehr zu erkennen, dass du Locken hattest. Deine Nase ist so weiß und schmal. Sie sieht aus wie aus Holz, wie aus Elfenbein. Ich kann deine obere Zahnreihe zwischen deinen Lippen sehen. Eng stehen die Zähne nebeneinander, ganz ordentlich. Winzige Falten sind in deiner Haut. Zarte, kleine Risse, die kein Gesichtszug mehr vertiefen kann.

Man sagte mir, ich solle nicht erschrecken, weil Tote Flecken kriegen. Ich glaube, es erschreckt mich nicht, wie der Tod aussieht, es erschreckt mich, dass du tot aussiehst. Dass du so schrecklich tot aussiehst. Jedes Mal, wenn ich dich in letzter Zeit besucht habe, war ein bisschen mehr Leben aus deinem Körper gewichen – ich dachte, du stirbst in Raten. Aber so tot sahst du nie aus. Ich will in deinem Anblick die Erlösung finden, die man mir versprochen hat. Ich will dich ansehen und sehen, dass es gut so ist, dass du zufrieden aussiehst. Wie komme ich zu dir?

Vielleicht sollte ich dich anfassen. Dich spüren. Spüren, dass du da bist. Ich habe dich schon so oft angefasst. Kann ich das jetzt noch, darf ich das? Was wird passieren? Bist du kalt? Ist deine Haut hart geworden? Wird sie nachgeben unter meinen Fingern, wie eine Hülle aus Papier?

Deine Hände liegen übereinander verschränkt, jemand hat dir ein kleines Stoffschaf in die Hand gelegt. Dein kleiner Finger ist blau unter dem langen Fingernagel. Ist das so, wenn man tot ist? Ist das Blut, ist das Kälte?

Vorsichtig bewegt sich meine Hand zu deiner Hand. Sie zögert, zittert. Mit dem

Zeigefinger berühre ich sanft deinen Handrücken. Er ist nicht kalt. Er fühlt sich frisch an. Mein Finger ruht auf deiner Hand. Es geht. Ich kann dich anfassen. Geht noch etwas mehr? Vorsichtig fahre ich mit dem Finger über deine Hand. Die Haut ist dünn und zart. Du hast eine schöne Haut. Es ist schön, sie zu berühren. Mein Finger fährt an den Knochen deiner Hand entlang. Über deine langen Finger. So intensiv habe ich deine Hand noch nie gespürt. Mein Atem wird ruhiger. Ich merke, wie meine Muskeln weich werden und ich ein Stück weit in dein Bett sinke. Eine kleine Wärme breitet sich in meinem Brustkorb aus. Sie steigt in meinen Kopf und wird heiß hinter meinen Augen. Ich weine. Der Raum wird weiter um uns.
Meine ganze Hand berührt deine, greift sie leicht, streichelt sie. Ich berühre dein Gesicht ganz vorsichtig mit einem Finger. Deine Stirn mit den winzigen Fältchen. Es ist, als berührte ich deine Seele. Ich will nichts kaputt machen. Ganz zart ist deine Haut und ein wenig kühler als mein Finger. Die Rückseite meiner Finger streicht sanft über deine weiße Wange. Ich möchte dir Wärme geben. Ich möchte dir ein gutes Gefühl geben. Ich möchte deine Seele streicheln. Es ist schön.
Ich will dir Auf Wiedersehen sagen, Lizzy. Ich will mich entschuldigen, falls ich in den letzten Tagen vielleicht nicht immer richtig mit dir umgegangen bin – ich war unsicher, weil du kaum noch reagiert hast. Es ist eine solch intime Zeit, das Sterben. Ich weiß nicht, ob es dir gutgetan hat, dass ich dir vorgesungen habe mit meiner grässlichen Stimme, wo du doch so schön singen konntest. Aber ich hatte dir versprochen, dass wir zusammen singen.
Ich bin so froh, dass ich bei dir bin. Und ich bin so traurig. Ich will dir danken, Lizzy, dass ich teilhaben durfte an deinem Leben. Und ich will dir danken, dass ich teilhaben durfte an deinem Sterben. Ich wünsche dir alles Gute. Und ich wünsche mir, dass wir uns einmal wiedersehen.
Keine Kraft der Welt kann mir dich mehr nehmen, das weiß ich jetzt. Machtlos liegen Hass und Neid und Streit zu deinen Füßen.
Du bist frei.

Katharina Köster

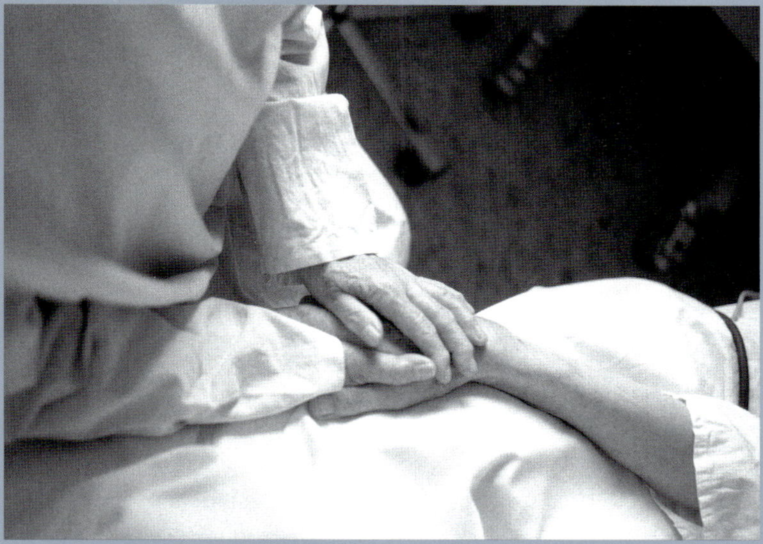

Mariekes Bruder Sören kam mit seinem Freund Steffen beim Spielen in einer Sandkuhle ums Leben. Sören und Steffen versanken im plötzlich rutschenden Sand und erstickten. **Marieke,** heute 29 Jahre, war damals dreizehn Jahre alt, Sören war neun. Noch Jahre nach dem Tod ihres Bruders ist das Thema für Marieke nicht abgeschlossen. In ihrem Tagebuch schreibt sie immer wieder über Sören, den kleinen Bruder.
Marie-Thérèse

Sören ist immer noch ein Teil von mir ☆ *5. Juli 1994* · Sören ist tot!!! Was soll ich denn ohne meinen lieben, süßen Bruder machen? Ich liebe ihn doch! Ich glaube, es gibt keinen Gott, denn dann hätte er das nicht zugelassen. Für mich hat das Leben keinen Sinn mehr. Es ist wie ein schrecklicher Traum. Ich kann es noch gar nicht fassen. Besonders Mama und Papa tun mir so leid! Sören, ich liebe dich!
6. Juli · Ich glaube, heute und gestern waren die schrecklichsten Tage meines Lebens. Wir haben Sören und seinen Freund Steffen angeguckt. Steffen angeguckt. Steffen sah einfach schrecklich aus, aber Sören sah so aus, als ob er ganz lieb schlafen würde. Ich werde ihn sehr vermissen, aber wir müssen jetzt stark sein und hoffen, dass dieser schlimme Schmerz bald vorbei ist. Alles wird wieder gut werden. Sören hatte ein schönes Leben.
7. Juli · Ich weiß gar nicht, was ich machen soll. Ich kann mich auf nichts konzentrieren. Für Mama ist es am allerschlimmsten. Wie kann ich sie nur trösten, wenn ich doch selber ganz viel Trost brauche? Wir müssen uns jetzt gegenseitig helfen und ganz stark sein! Wir haben ihn alle sehr geliebt. Aber ich weiß, dass wir es zusammen schaffen!
8. Juli · Heute war die Beerdigung. Es war so schrecklich. Wir haben nur geweint. Es waren so viele Leute dort. Die Trauerfeier wurde für Sören und Steffen zusammen in Windbergen abgehalten. Der Pastor hat es sehr gut gemacht. Das ganze Grab ist ein buntes Blumenmeer. Schade, dass Sören es nicht sehen kann. Heute war ein schlimmer Tag. Wie werden wohl die nächsten Tage?
21. Juli · Ich habe schon lange nichts mehr von Sören geschrieben. Wahrscheinlich wollte ich es nur verdrängen. Ich vermisse ihn mehr denn je!!! Aber am Tag bin ich jetzt meistens abgelenkt. Abends und nachts ist es schlimmer.
9. August, letzter Ferientag · Schrecklich, morgen fängt die Schule an. Viele werden Fragen stellen. Der Gedanke, dass Sören mir nicht mehr die Tür aufmacht, wenn ich aus der Schule komme, ist schrecklich. Ich habe Angst vor dem Alltag.

50

Vier Jahre später, 1998 · Am 8. Juli ist Sörens Geburtstag, und gleichzeitig war es auch der Tag seiner Beerdigung. Wie er nun wohl wäre?
Ich glaube, er wäre in der Pubertät nicht so wie die anderen Jungs in seinem Alter. Oder sage ich das nur, weil ich seine Schwester bin?
Sören war schon immer verträumter, mochte die Natur genauso gerne wie ich. Noch empfinde ich es als Ungerechtigkeit, dass ausgerechnet er sterben musste. In solchen Augenblicken fehlen mir die Worte, um auszudrücken, was ich wirklich fühle. Manchmal denke ich, dass ich ohne Sören nicht mehr glücklich sein kann, dass das Leben ohne ihn keinen Sinn mehr hat! Ich sehne mich nach Liebe und Geborgenheit!
Heute habe ich die meiste Zeit des Tages in der Schule verbracht. Um 15.30 Uhr etwa war ich zu Hause. Und um etwa diese Zeit vor vier Jahren kam mein Vater in einem höllischen Tempo mit dem Auto von der Sandkuhle zurück – weinend, schreiend, voller Verzweiflung. Mit verzerrtem Gesicht ist er aus dem Auto gestolpert, sein Blick war voller Entsetzen, voller abgrundtiefer Hoffnungslosigkeit… viel tiefer noch als der Abgrund in der Sandkuhle. Noch immer spüre ich den Schmerz, wenn ich daran zurückdenke – besonders heute, denn heute vor genau vier Jahren hörte Sörens Herz auf zu schlagen. Begreifen werde ich das, glaube ich, nie…
In manchen Momenten spüre ich eine solch starke Sehnsucht nach ihm, möchte so gerne mit ihm sprechen. Es gibt aber Tage, an denen ich gar nicht an ihn denke, weil beispielsweise die Schule einen Großteil meiner Gedanken beansprucht, ob ich nun will oder nicht.
Ich habe Hemmungen, an sein Grab zu gehen. Ich gehe wirklich sehr ungern dorthin und habe überhaupt nicht das Gefühl, Sören dort irgendwie näher zu sein. Teilweise habe ich das Gefühl, ihm an jedem beliebigen anderen Ort näher zu sein, weil der Friedhof mich ja ausschließlich mit meinem toten Bruder in Verbindung bringt, nie mit meinem lebenden Bruder. Das ist ganz anders an dem Ort, an dem ich jetzt bin, in der Natur. Ich habe mir ein sonniges Plätzchen gesucht, und hier schreibe ich. Hier bin ich ganz allein.

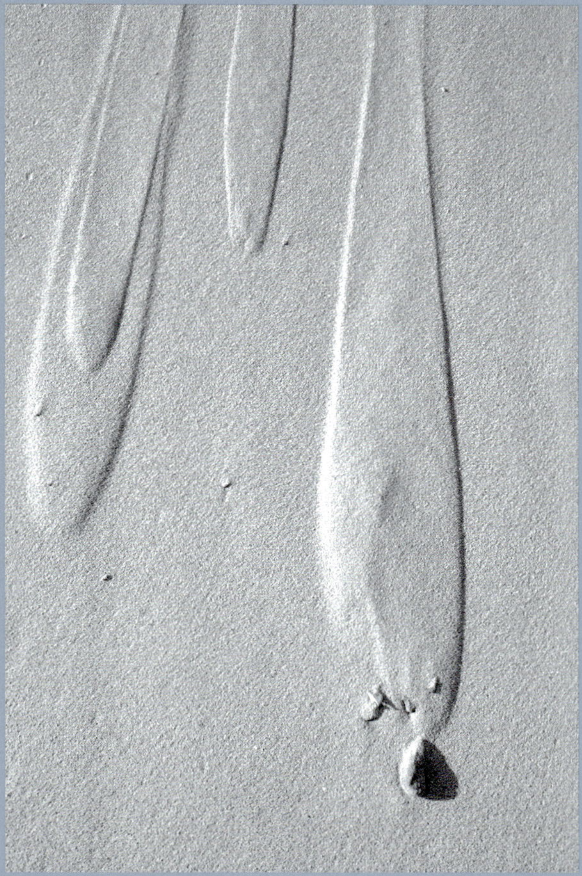

8. Juli 2005 · Heute, an deinem Geburtstag, habe ich eine Kerze für dich angezündet, Sören. Du bleibst immer mein Bruder!

12. August 2005 · Der Abschied von meinem Bruder: ein nicht wiedergutzumachendes Trauma.

Die Verlustangst bleibt tief in mir und kommt unangekündigt immer wieder an die Oberfläche. Dann frage ich mich, ob die Menschen, denen so etwas nicht widerfahren ist, es nicht einfacher haben. Können sie nicht viel unbeschwerter leben, ohne störende Gefühle der Trauer?

Aber ich ahne es schon: Jeder Abschied bringt uns weiter in unserer Entwicklung, auf unserem Weg durch das Leben. Ich fühle mich durch diese Erfahrung sogar privilegiert. Meine niemals abbrechende Verbindungsbrücke zu meinem Bruder gibt mir Kraft, ist eine Chance für ein Leben auf einer höheren Sinnebene.

24. Mai 2008 · Es kommt ein eigenartiges Gefühl in mir hoch, wenn ich junge Männer kennenlerne, die so alt sind, wie Sören jetzt wäre. Wenn dann noch hinzukommt, dass ich glaube, sie wiesen Charaktereigenschaften auf, die Sören jetzt auch hätte, ja, dann werde ich ganz unruhig. So ging es mir schon mal mit Emanuel und jetzt mit Hugo. Beide sind 1985 geboren, beide sind so sanftmütig und sensibel. Für beide entwickelte ich eine brüderlich-schwesterliche Liebe. Ich musste viel mit Leo darüber sprechen, denn ich wollte, dass er diese Art von Liebe, die ich für andere Männer, jüngere Männer empfinde, verstand.

So ist Sören noch immer ein Teil von mir, begleitet mich, gibt mir Zeichen. Zum Glück ist Leo so verständnisvoll, denn sicherlich sind solche unkontrollierbaren Gefühle von mir schmerzhaft für ihn.

2010 · Tod und Trauer sind wie zwei Gefährten, die durch das Sterben meines Bruders mein Leben geprägt haben und die mich immer begleiten. Meistens irgendwo in mir versteckt, doch manchmal kommen sie zum Vorschein: im Gespräch mit Menschen, die sich öffnen, die Nähe zulassen können.

Marieke Kraft

dem leben entgegen

loslassen
stehen lassen
nicht
stehen bleiben
sondern aufstehen

loslassen
fallen lassen
nicht
sich fallen lassen
sondern auffangen

loslassen
zurücklassen
nicht
zurückblicken
sondern nach vorne schauen

Dorothee, mit 18 Jahren

Plötzlich war meine Schwester weg ✳ Als ich klein war, war immer jemand da, wenn ich ihn brauchte. Zuerst brauchte ich nur zu weinen oder zu schreien, später konnte ich mich mit Worten verständigen. Ich konnte Schutz finden, Vertrauen aufbauen und mich ganz auf meine Eltern verlassen. Ich spürte Wärme, und wenn meine Eltern mal mit mir schimpften, tat es zwar weh, ich wusste aber, dass sie mich trotzdem liebten. Außerdem hatte ich ja meine Schwester Barbara. Doch plötzlich war sie weg! Einfach verschwunden. Ich weinte, und obwohl meine Eltern auch traurig waren, konnten sie mich trösten. Genauso, wie ich sie trösten konnte. In meinem Herzen fehlt ein Teil und von meinem alten Leben fallen immer mehr Blätter auf den Boden und verdorren dort. In einem Bild, das ich malte, heißt die schwarze Träne Trauer und der Zaun symbolisiert meine weggeschlossenen Gefühle.

Was können meine Hände?

Also, zuerst können sie Klavier spielen, was mir total Spaß macht. Dann kann ich mit meinen Händen noch jonglieren und ich kann auch noch vieles mehr! Außerdem kann ich trösten, Tränen trocknen! Ich glaube jedenfalls, dass ich das kann. Ich möchte Jugendlichen, die dasselbe erlebt haben wie ich, helfen, alles zu verarbeiten und zu verstehen. Ich weiß, dass sie so eine Hilfe brauchen können.

Was habe ich durch andere Hände erfahren?

In meinem Bild steht das Herz für Liebe, das Kleeblatt für Glück und die Blume für Freiheit, Freude und Freunde. Beim Kleeblatt habe ich ein fünftes, andersfarbiges Blatt dazugemalt. Das ist das Glück, das ich auf und von einer anderen Ebene erfahren habe.

Die einander haltenden Hände bieten Schutz, Vertrauen, Halt.

Dorothee, mit 15 Jahren

Heute, bald vierzehn Jahre nach dem Tod meiner Schwester, bin ich mit meiner Trauer und meinen Gefühlen weiter als damals. Die Zeit hat vieles verändert, aber auch ich habe mich verändert. Beim Schreiben einiger Texte für das vorliegende

Buch wurde mir bewusst, dass ich heute weniger damit kämpfe, dass meine Schwester unwiderruflich nicht mehr da ist, sondern dass ich eine neue Nähe zu ihr aufgebaut habe, die mir hilft, zu leben und schwierige Situationen durchzustehen. Dieses Wissen ist für mich Trost, und es kann auch ein Trost für andere trauernde Menschen sein.

Dorothee Oehmen

Dorothee, heute 25 Jahre, verlor ihre ältere Schwester durch einen Verkehrsunfall. Sie war damals elf und ihre Schwester dreizehn Jahre alt. Danach versteinerte sie und wollte nicht mehr wahrgenommen werden. Von niemandem. Dorothee sorgte dafür, dass ihr Leben nach außen hin so weiterging, wie es früher einmal war. Ab und zu in der Schule fröhlich zu sein war für sie okay. Mehr aber nicht. Bloß kein Mitleid. Damals schrieb sie : »Ich brauche die Stille um mich herum. Vorläufig. Vielleicht ändert sich das. Aber jetzt nicht. Meine Trauer gehört nur mir. Lass mir noch Zeit.«
Aber es hat sich viel geändert, durch ihr Studium der Sozialpädagogik und der Theologie, durch das Erlernen der hebräischen Sprache, durch eine Reise nach Australien, wo sie das erste Mal mit einer ganz anderen Stille konfrontiert wurde. Dorothee hat zu sich selbst gefunden und geht weiter ihren Weg, auf dem sie es sich nicht einfach macht. *Marie-Thérèse*

Auschwitz

worte fallen
wie staub
vor meine füße
trocken
wertlos
sand im getriebe
im herz

sprachlosigkeit
stilles verstummen
kein raum für
lautes klagen
perspektivloses fragen
oder für mehr als das gefühl
stumm eine träne zu verschlucken

eindrücke
gedanken
gefühle
dringen nach außen
suchen nach wegen
sich auszudrücken
anderen als durch worte

um das zu fassen
was unfassbar ist

Dorothee, mit 25 Jahren,
auf einer Radtour in Auschwitz

Ein Engel

Engel – wahrhaft göttliches Wesen,
das zwischen den Erden schwebt,
Mittler zwischen Gott und Menschen,
der den Erdenkreis belebt.

Gott hieß ihn zu sein ein Bote,
der des Menschen Wege lenkt,
der in Gefahr und Traurigkeiten
mit Flügeln schützend ihn umfängt.

Geschieht auch vieles Leid auf Erden,
was uns Menschen unrecht scheint:
Es wird gelitten und gestorben,
es wird gefürchtet und geweint.

Doch gibt es eine Kraft von oben,
von uns selten nur bemerkt,
weil – verborgen für die Augen –
sie uns Halt gibt und uns stärkt.

Fest vertrau ich auf das Leben,
das erst nach dem Tod beginnt,
und dass Menschen, die einst starben,
heute unsre Engel sind.

Nicht bin ich in meinem Leben
auf mich gestellt und allein,
immer wird, Geleit zu geben,
meine Schwester bei mir sein.

Dorothee, mit 25 Jahren

1991
1995

Maria, Mutter von Barbara und Dorothee, lernte ich während eines Trauerseminars beim Elternabend kennen. Mit Dorothee habe ich seit dem ersten Tag, an dem wir uns trafen, Kontakt. Maria erzählte mir später von ihrer Trauer und dem neuen Leben, das sie angefangen hat. Wenn wir den Faden aufnehmen, ist es, als hätten wir ihn erst am Tag zuvor fallen gelassen und unser Kontakt ist sehr intensiv, auch nach Monaten des Schweigens. *Marie-Thérèse*

Barbara hat uns keineswegs verlassen ⁂ Ende Mai 1996 starb unsere Tochter Barbara an den Folgen eines schrecklichen Verkehrsunfalls. Sie war mit ihren dreizehn Jahren leider zum falschen Moment am falschen Ort. Seitdem fehlt sie in unserer Familie jedem – mir als Mutter, ihrem Vater, ihrer jüngeren Schwester Dorothee – aber jedem anders. So unterschiedlich das Verhältnis eines jeden von uns zu ihr war, so unterschiedlich gehen wir drei mit ihrem Tod um.

Ich glaube schon mein Leben lang an Gott und lebe als Christin, so gut ich kann. Und so halte ich in aller Trauer um Barbara (oder gerade trotz aller Trauer?) fest an dem Glauben an ein Weiterleben nach dem Tod. Das hat Jesus uns Menschen zugesagt. Er ist gestorben, um zu zeigen, dass der Tod nicht das Ende ist, sondern der Beginn von etwas Neuem.

Dennoch habe ich in der ersten Zeit mit Gott gehadert, war wütend auf ihn, habe an ihm gezweifelt und nicht weitergewusst, weil ich einfach nicht verstand – und auch heute noch nicht verstehe –, warum Barbara so früh starb. Ich war verzweifelt und fühlte mich von Gott, der Welt, ja auch von Barbara selber verlassen.

Heute – dreizehn Jahre nach ihrem Tod – weiß ich, dass sie zwar unsere sichtbare Welt verlassen hat, aber dass sie immer noch da ist, uns alle begleitet und uns keineswegs verlassen hat! Alles, was ihr Leben ausmachte, geht für uns weiter. Sie bleibt unsere Tochter und Schwester, sie nimmt teil an unserem Leben und führt uns durch alle dunklen Zeiten. Manchmal spüre ich sogar rein körperlich: Sie ist noch da!

Einige Erlebnisse dieser Art habe ich aufgeschrieben:

Barbara spielte vier Jahre lang Querflöte und liebte ihr Instrument und, genau wie ich, Flötenmusik ganz besonders. Ich bat sie mehrmals, auch mir das Musizieren mit der Querflöte beizubringen – Blockflöte spielte ich schon –, doch wir kamen nie dazu. Dann starb sie ganz plötzlich – und ich ärgerte mich sehr, dass immer andere Dinge wichtiger gewesen waren und sie mir diesen Wunsch nie erfüllte.

Ihre Flöte, die Noten und der schöne Notenständer lagen nun herum. Zuerst gar nicht und dann nur unter Tränen konnte ich diese Dinge anschauen und anfassen.

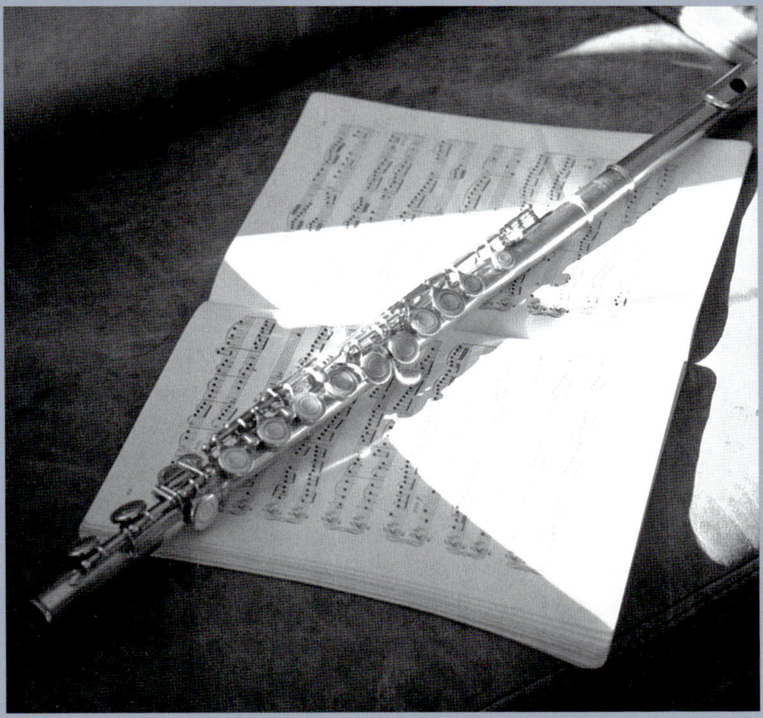

Musik, besonders Flötenmusik, konnte ich gar nicht mehr hören. Doch immer wieder spürte ich den Wunsch, selber Querflöte spielen zu lernen.
Es hat Jahre gedauert! Im Sommer 2001 war es dann so weit: Ich meldete mich bei Barbaras Flötenlehrerin und habe seitdem Unterricht! Und ganz oft, wenn das Spielen so richtig gut klappt, spüre ich Barbara im gleichen Zimmer, merke, dass sie mir zuhört, höre, wie sie mich lobt, und genieße ihre Gegenwart. So hat ihr geliebtes Instrument eine starke Verbindung zwischen ihr und mir geschaffen, und dafür bin ich sehr dankbar!
Aber: Anfangs durfte ich nicht zu Hause üben, wenn unsere jüngere Tochter im Haus war, da sie es nicht ertrug. »Das ist Barbaras Instrument, und du übst in ihrem Zimmer (es war inzwischen mein Arbeitszimmer geworden) neben meinem, das kann ich nicht hören!« Also spielte ich nur, wenn sie nicht da war. Dafür war Barbara dann aber da!
Seit vier Jahren lebe ich zwar ganz alleine in einem anderen Haus, aber auch da spüre ich, dass Barbara mit mir in die Noten guckt!
Barbaras Lieblingsmusikstück war Pachelbels Kanon in D, gespielt vom Flötisten H.-J. Hufeisen. Zur Trauerfeier in der Kirche ließen wir dieses Stück als meditative Musik einspielen. Danach konnte ich es nicht wieder hören. Jahrelang nicht!
Im Sommerurlaub des Jahres 2002 hörten mein Mann und ich in Freiburgs Fußgängerzone vier jungen Straßenmusikanten zu. Sie spielten wunderbar und ich genoss es aus tiefster Seele. Doch plötzlich erklang Pachelbels Kanon, und mir liefen sofort die Tränen übers Gesicht. Ich kam nicht dagegen an, musste fortgehen und konnte mich kaum mehr beruhigen.
Im Jahr 2006 fragte ich meine Flötenlehrerin nach den Noten, und seitdem spiele ich das Stück selber – ohne Tränen, sondern mit ganz viel Freude und dem Gefühl, dass dieser Kanon mir meine Barbara zurückgibt. Sie hört zu und freut sich mit mir. Und ich glaube, sie war es, die mir nun auch dieses Stück zurückgegeben hat. Und übrigens: Seit diesem Herbst studiert ihre jüngere Schwester in Freiburg!
An Barbaras zehntem Todestag, einem regnerischen, kühlen Maitag, fuhr ich – wetterfest eingepackt – nach Wangerooge, der Lieblingsinsel unserer Kinder. Dort

wollte ich den Tag mit all meinen traurigen Gedanken ganz für mich alleine verbringen. Seit Barbara zwei Jahre alt war, fuhren wir regelmäßig für ein paar Tage dorthin. Ihr letzter Besuch auf Wangerooge war in dem Sommer, bevor sie verunglückte. Ein Aufenthalt mit dem Musikschulorchester.

Bei der Überfahrt riss auf einmal der Himmel auf, die Sonne schien, und auf der Insel konnte ich nacheinander viele warme Sachen ausziehen, und ich verbrachte dort einen richtig warmen Sonnentag!

Meine Gedanken waren bei Barbara und ich erinnerte mich an viele schöne Erlebnisse mit ihr auf dieser Insel. Erst tat das sehr weh und ich weinte viel. Doch dann freute ich mich mehr und mehr über all das Schöne, das wir gehabt hatten, und so lachte ich mit einem Mal auch! Von Stunde zu Stunde ging es mir besser und ich wanderte den weiten Weg nach Osten zu meinem Lieblingsplatz. Ich spürte Barbaras Gegenwart so nah wie vorher noch nie, ich sprach mit ihr, erzählte ihr, was mich bewegte, und als ich auf dem Sand vor mir meinen Schatten sah, vermisste ich ihren!!! Es hätte mich nicht gewundert, wenn er da gewesen wäre! Er fehlte einfach, denn sie ging ja neben mir her!

Nachdem ich abends spät zu Hause war, rief meine jüngere Tochter aus Bayern an. Sie hatte mich schon vermisst und wollte mir sagen, dass sie an diesem Tag fest an mich dachte. Als ich erzählte, wo ich gewesen war, fragte sie: »Allein?«, und ich konnte aus voller Überzeugung sagen: »Nein, mit deiner Schwester!«

Als ich nach der Trennung von meinem Mann in mein neues Zuhause zog, das ich nun ganz alleine bewohne, hatte ich das Gefühl und die Sorge: »Hier haben unsere Töchter nie gelebt. Kann ich mich hier an sie, besonders an Barbara, erinnern und ihre Nähe spüren?«

Es hat lange gedauert bis die ersten Fotos hingen, aber nun gibt es im Wohnzimmer eine Wand mit Fotos von den beiden und ich habe seitdem das ganz nahe Empfinden: »Nun sind sie auch eingezogen!« Barbara, die schon so lange nicht mehr lebt, und Dorothee, die in Süddeutschland studiert und nur selten kommen kann. Manchmal stehe ich vor ihren Fotos und freue mich, dass sie mich anlächeln. Da wird es mir warm ums Herz und ich bin glücklich, dass sie meine Kinder sind!

Barbara werde ich erst nach meinem Tode wiedersehen, Dorothee treffe ich mehrmals im Jahr; mal hier, mal bei ihr, mal in einem Urlaub. Ich lebe mein Leben alleine weiter – aber in der festen Überzeugung, dass meine beiden Töchter mir nah sind und mich begleiten. Ein wunderbares Gefühl!

In diesem Jahr jährte sich der Todestag zum dreizehnten Mal. Nun ist Barbara so lange tot, wie sie lebendig war! Ich hatte schon im Vorfeld Angst vor diesem Tag und es ging mir in der Woche davor nicht gut, ich war sehr traurig, unruhig und weinte um sie.

Im Sonntagsgottesdienst (einen Tag vor dem Todestag) hatte ich, wie das in der katholischen Kirche üblich ist, zu ihrem Gedenken ihren Namen vorlesen lassen, und ich fühlte mich dadurch in der Gemeinschaft der anderen Betenden gut aufgehoben. Und dann erlebte ich zwei ganz wunderbare Dinge:

Der junge Priester, der den Gottesdienst mit uns feierte, sang zum Schluss ein selbst komponiertes und getextetes Marienlied zur Gitarre. Es heißt ›An Maria‹ und handelt von der Mutter Jesu, die zu vielem Schweren in ihrem Leben ›Ja‹ gesagt hatte, auch zum Tod ihres Sohnes. Und auch ich heiße Maria! So hatte ich auf einmal das Gefühl, dass Barbara veranlasst hatte, dass dieses Lied an ihrem Todestag für mich gesungen wurde, und das tat mir unendlich gut!

Im hinteren Raum der Kirche war seit Wochen eine Ausstellung mit Ölbildern eines Malers unserer Region, der fast nur ›Bilder vom Meer‹ malt. Wir kennen uns schon lange, hatten aber nie wirklich miteinander zu tun. Bei der Eröffnung ließ er vor unseren Augen ein Bild mit Dünen, Meer, Himmel und zwei Menschen entstehen, und ich verliebte mich in dieses Bild, doch es war mir zu teuer.

Nun kam er nach dem Gottesdienst zu mir und fragte, ob der verlesene Name mit mir zu tun hätte, und als ich es ihm erklärte und sagte: »Morgen ist ihr Todestag«, nahm er das Bild und schenkte es mir mit den Worten: »Als kleiner Trost für morgen – und die beiden Menschen da kennst du ja selber am besten!«

Sprachlos war ich, tief berührt und wieder voll des Glücks: Barbara ist noch da!

Seit diesem Nachmittag hängt das Bild in meinem Wohnzimmer über der Couch! Es tröstet mich ungemein, zeigt es doch, dass sie mit mir auf dem Weg ist!

Im November 2008 – einen Tag vor Barbaras Geburtstag – erhielt unsere zweite Tochter nach einer Schilddrüsen-Operation die Diagnose ›Krebs‹ und das Bangen um die Gesundheit oder mögliche Folgen begann!
Anfang Dezember führte man eine Radio-Jod-Therapie durch, um eventuelle Metastasen aufzuspüren. An Barbaras Namenstag, dem 4. Dezember, kam die erlösende Nachricht: »Es gibt keine Metastasen!«
Ein halbes Jahr später, kurz vor Barbaras Todestag, erfolgte eine weitere Radio-Jod-Therapie als Kontrolle, und erneut hieß es: »Keine Metastasen! Sie haben großes Glück gehabt und sind wieder gesund!«
Ich glaube nicht an Zufälle! Ich bin sicher, dass unsere Barbara ihre jüngere Schwester Dorothee vor Unheil bewahrt und dass sie das ihr und uns in der zeitlichen Nähe ihrer Gedenktage (Geburtstag/Namenstag/Todestag) deutlich zeigt. So etwas ›fällt‹ einem nicht einfach ›zu‹!
In all den schlimmen Monaten habe ich viel gebetet und ganz speziell Barbara angefleht, auf Dorothee aufzupassen. Ich bin mir sicher, dass sie diese Gebete gehört hat und dass alle Verstorbenen unsere Fürsprecher sind! Sie gehören zu uns, nehmen an unserer Entwicklung teil und begleiten uns im weiteren Leben. Als ich Dorothee einmal sagte: »Du musst ja Heerscharen von Schutzengeln gehabt haben!«, meinte sie: »Die brauche ich nicht, denn ich habe einen ganz besonderen Engel!« Ob der wohl lange schwarze Haare hat?

Die Trauer um ein Kind ist wie die Liebe für ein Kind lebenslang da, und beides wandelt sich im Laufe der Zeit:
In meiner ganz persönlichen Trauer um unsere verstorbene Tochter Barbara lernte ich sehr langsam und mühsam, sie in Liebe loszulassen – und genau dadurch gewann ich sie wieder! Die Gewissheit: »Sie ist immer noch da!«, lässt mich inzwischen in Frieden weiterleben, und ich weiß jetzt, dass die Liebe stärker ist als der Tod!

Liebe Marie-Thérèse, heute war die Trauerfeier für den Maler aus unserer Region, Heinz Sauermann, der mir im letzten Mai zu Barbaras Todestag sein Bild geschenkt hat. Mit 64 Jahren nahm er sich letzten Sonntag das Leben! Zwei Wochen zuvor hatte er einen Gehirnschlag erlitten, war aber auf dem Weg der Besserung.
Ja, manchmal ist das Leben schon sehr traurig!
Du kannst dir denken, dass sein Bild für mich nun noch einen anderen Wert bekommen hat. Außerdem hatte ich für Dorothee noch Ende Oktober ein Bild von ihm malen lassen. Das hängt nun in ihrer neuen WG und erinnert sie an ihre friesischen Wurzeln!
Im November, am Tag nach Barbaras Geburtstag, war Dorothee in Offenburg auf der Beerdigung eines neunzehnjährigen Bekannten. Sie erzählte mir, dass die Trauer sie furchtbar gepackt hatte und ihr schnell klar wurde, dass sie um Barbara weinte, weil sie selber damals mit ihren elf Jahren viel zu viel verdrängt hatte. Nun gibt es Fragen über Fragen, die sie Weihnachten mit zu mir bringt! Gut so! Endlich!!!

Maria Oehmen

Nelly, heute 29 Jahre, kommt aus einer großen Familie: Sie ist das älteste von acht Kindern. Ihre jüngere Schwester Kirstin, Zwillingsschwester von Anne, starb mit vier Jahren an einem Gehirntumor. Nelly war damals fünf Jahre und begriff erst viel später, was für ein tiefer Einschnitt Kirstins Tod in ihrem Leben war. *Marie-Thérèse*

Durch sie habe ich keine Angst vor dem Sterben ✤ Vor dem Sterben habe ich nicht solche Angst wie vor meiner Zukunft. Da weiß ich wenigstens, worauf ich mich freuen kann. Und zwar auf Kirstin, die ich oft so doll vermisse. Wenn ich mit dem Thema Tod im Kino konfrontiert werde, denke ich ganz viel an sie und fange dann auch meistens an zu weinen, weil ich es blöd finde, dass sie Anne und mich, Mama und Papa und alle anderen verlassen hat. Sie war doch erst vier Jahre alt!! Wo steckt da die Gerechtigkeit? Da können lieber achtzigjährige Leute, die ihr Leben schon hinter sich haben, sterben, aber nicht so junge Menschen wie Kirstin!!

Durch sie habe ich keine Angst vor dem Sterben, denn irgendwie habe ich das Gefühl, dass ich sie, wenn ich sterbe, wieder treffen werde und wir sozusagen das nachholen können, zu dem uns auf der Erde keine Chance gegeben wurde.

I miss you!

Na, habe ich's doch gewusst, jetzt weine ich. Aber das finde ich im Moment ganz gut! Vielleicht habe ich auch deswegen Angst vor der Zukunft, weil ich Angst davor habe, dass noch mehr Leute sterben werden, die mir wichtig sind und die ich sehr lieb habe. Davon ist leider auszugehen, und ich habe Angst, damit nicht umgehen zu können!! Der Tod von Kirstin ist nun schon dreizehn Jahre her und trotzdem beschäftigt er mich noch sehr.

18 Jahre = jetzt · Ich habe keine Schuldgefühle mehr, denn ich weiß, dass es für Kirstin keine Heilung mehr gab und mich keine Schuld trifft. Im Mai erkrankt ein Klassenkamerad/Freund von mir an Krebs. Ich suche das Gespräch mit ihm, besuche ihn im Krankenhaus, schreibe ihm Briefe und schaffe es sogar, ihm von meinen Ängsten zu erzählen, die ich hatte, als ich erfuhr, dass er Krebs hat, weil ich eine Person verloren habe, die auch Krebs hatte. Daraufhin vertraut er mir etwas an, was mir zeigt, dass sich meine Gedanken über ihn gelohnt haben! Durch das, was mir widerfahren ist, kann ich also viel intensiver nachvollziehen, wie er sich fühlt, was es bedeutet, an Krebs erkrankt zu sein und den Tod vor Augen zu haben. Im Gegensatz zu vielen anderen kann ich offen darüber sprechen.

Mir wird bewusst, dass ich auch jetzt, dreizehn Jahre später, sehr damit zu tun habe. Ich denke oft an die Erlebnisse mit meiner Schwester und die Erinnerungen an sie und weiß, wie sehr mich der Verlust beschäftigt, auch wenn ich damals erst fünf Jahre alt war. Mir wird klar: Trauer dauert lange!

Nelly, mit 18 Jahren

Eigentlich dachte ich, dass ich mit dem Thema Tod und Trauer abgeschlossen hätte. Beim genaueren Nachdenken fiel mir allerdings ein, dass das Thema für mich doch weiterhin täglich präsent ist und ich, durch meine verstorbene Schwester Kirstin stark beeinflusst bin, und zwar in meinem Beruf als Ärztin. Ich arbeite seit einem Jahr in einem Krankenhaus in einer internistischen Abteilung mit vielen älteren Patienten. Vielen kann ich durch meine Therapien helfen und sie nach einigen Tagen mit gebessertem Allgemeinzustand wieder nach Hause entlassen. Bei einigen Patienten allerdings liegt eine fortgeschrittene Erkrankung vor. Dann sind auch mal offene Worte über die letzten Lebenstage nötig oder im Ernstfall müssen die Angehörigen unterrichtet werden, dass ein ihnen nahestehender Mensch gestorben ist. Und nicht selten bekomme ich nach den Gesprächen ein Dankeschön durch eine herzliche Geste, für meine Offenheit und Einfühlsamkeit in den schweren Stunden des Todes, der immer noch ein unbekanntes, bedrohliches Tabuthema ist. Und dann erzähle ich manchmal von meiner Schwester Kirstin, die mir durch ihren viel zu frühen Tod mit vier Jahren gezeigt hat, dass der Tod nicht nur die betagten Menschen betrifft. Ich weiß, was es bedeutet, einen nahestehenden Menschen zu verlieren, und wie lange es braucht, die Ungerechtigkeit des frühen Todes zu begreifen und anzunehmen. Doch ich habe auch gelernt, dass ein langer Trauerprozess viel positive Energie für den Alltag schaffen kann, die einem die Angst vor dem großen Komplex ›Tod und Sterben‹ nimmt und einen sehr viel bewusster leben lässt. ›Carpe diem‹ – nutze den Tag. Denn keiner von uns weiß, wann die eigene Zeit des Abschiednehmens kommen wird.

Nelly Schröder

Carpe Diem

Wer bin ich?

Manchmal frage ich mich:
Wer bin ich?

Bin ich jemand, der glaubt?
Jemand, der vertraut?
Jemand, der liebt?
Jemand, der gerne lacht?
Jemand, der fröhlich ist?
Jemand, der still ist?
Oder bin ich das Gegenteil?

Bin ich jemand, der zweifelt?
Jemand, der misstraut?
Jemand, der hasst?
Jemand, der trauern kann?
Jemand, der gerne wütend ist?
Jemand, der laut ist?
Bin ich alles oder nichts?

Eines weiß ich:
Ich bin ich!
Inga eben!

Inga, mit 19 Jahren

Ingas Bruder verstarb an einer unbekannten Krankheit im Alter von acht Jahren.
Inga (geboren 25.10.1984, gestorben 11.4.2005) war damals elf Jahre alt. Ich lernte sie als zartes, stilles Mädchen kennen, das sich im Laufe ihrer Trauer zu einer selbständigen, jungen Frau entwickelte, die tapfer und sehr bewusst mit der großen Trauer um Thimo und später mit ihrer eigenen, schweren Krankheit umging. Inga vertraute mir Texte an, in denen sie eine Vorahnung hatte von ihrem eigenen Tod. *Marie-Thérèse*

Lohnt sich mein Leben? ✻ Mein Bruder Thimo war sechs Jahre alt, als er plötzlich in ein Koma fiel. In den Jahren darauf verschlechterte sich sein Zustand. Sehen und laufen konnte er nicht mehr. Schließlich schoben wir ihn in einer Karre und pflegten ihn zu Hause. Keiner wusste, was er für eine Krankheit hatte. Nach seinem Tod dachte ich, ich würde aus meiner Trauer nicht mehr herauskommen. Aber trotz allem habe ich innerlich mehr getrauert, als außen zu sehen war, wodurch ich vielleicht einige Menschen enttäuscht habe. Aber ich wurde auch enttäuscht von anderen Menschen. Ich habe anfangs sehr geweint, aber ich fühlte mich, als wäre ich in einem Traum. Ich hoffte, irgendwann aufzuwachen – und alles würde wieder wie früher sein. Auf Thimos Beerdigung konnte ich nicht weinen. Nicht, weil ich mich geschämt hätte, sondern weil ich wusste und fühlte, dass der Tod selbst eine Erlösung für ihn war. Als er starb, lächelte er.

Inga, mit 15 Jahren

Warum lebe ich? · Warum lebe ich? Lohnt sich mein Leben? Wenn ja, warum ist es so schwierig? Bin ich standhaft? Halte ich trotz allem, was ich schon erlebt habe, durch? Kann ich mit all den schlechten Erfahrungen weiterleben? Wie wäre es, wenn ich das nicht mehr könnte? Mich gegen das Leben entscheiden würde? Wer würde mich vermissen? Würde ich Thimo wiedersehen? Würde ich dann sterben wollen, um bei meinem geliebten Bruder zu sein?

Angst vorm Kranksein · Vor ein paar Jahren ging es mir ziemlich mies. Mir war schlecht, schwindlig, kalt und dann warm. Ich hatte Kopfschmerzen und war total zittrig. Ich wusste nicht, was ich tun sollte. Solche Situationen überfordern mich immer. Und wären keine Menschen da gewesen, die mir hätten helfen können, wäre ich wahrscheinlich total ausgerastet.
Ich spüre sie! Sie ist wieder da, die Angst. Die Angst vor dem ernsthaften Krankwerden, vielleicht auch die Angst vor dem Tod. Vor dem Tod an einer Krankheit. Die Angst, vor dem Nie-wieder-gesund-Werden.

In einem Brief, den **Inga** mir 2001, also vier Jahre vor ihrem Tod, schickte, war sie noch voller Tatkraft, sprühte vor Energie, war voller Begeisterung für zwei neue Freundschaften und erzählte mir von den Plänen, sich mit einer Mappe ihrer Bilder an der Fachhochschule zu bewerben, um Grafikdesign zu studieren. Genau das gehörte auch zu ihr: immer wieder mit beiden Händen nach dem Leben zu greifen. *Marie-Thérèse*

Viele Sachen gehen mir dann durch den Kopf. Was kann ich haben? Was soll ich machen? Was ist, wenn es etwas Schlimmes ist? Was, wenn ich daran sterbe? Und dann denke ich: Thimo konnte auch nicht geheilt werden! In meinem Kopf spielt sich der Film von Thimos Krankheit ab. Ich sehe ihn vor mir. Er lacht zwar, kann aber nicht gehen und sehen. Und dann sehe ich ihn in seinem Bett liegen. Ich bin gerade mit den Worten: »Thimo ist gestorben« geweckt worden.
Und dann ist der Film zu Ende.
Wenn ich krank bin, wäre mir, ehrlich gesagt, jedes Mittel recht, um die Schmerzen zu beenden, um der ewigen Angst und der Panik eine Ende zu machen. Um sie zu besiegen. Sie einfach auszulöschen.
Und wenn es mir dann wieder gut geht, ärgere ich mich über mich selbst, weil ich mir umsonst diese vielen Gedanken gemacht habe und weil ich diese Angst hatte. Diese Angst vor dem Nie-wieder-gesund-Werden.

Inga, mit 19 Jahren

Ich habe es geschafft! Ich habe mich getraut, fühle keine Angst. Ich sitze ohne den gewohnten Halt eines Gurtes, fühle mich dennoch sicher. Beim Fahren spüre ich den Wind, er sagt mir, dass ich lebe. Ich höre das Geräusch des Motors, kann seine Stärke fühlen. Ich spüre meinen Körper, jede Unebenheit der Straße. Ich spüre das Bremsen und Anfahren, die Übergänge sind weich.
Ich sehe die Straße unter mir, gleite auf ihr entlang. Ich sehe Landschaft, sie verändert sich. Es macht Spaß, ich spüre das Adrenalin. Ich versinke, gebe mich allem hin. Es ist wundervoll, ich habe das Gefühl zu schweben. Ich habe mein Leben jemandem anvertraut und wurde nicht enttäuscht.

Inga, mit 18 Jahren

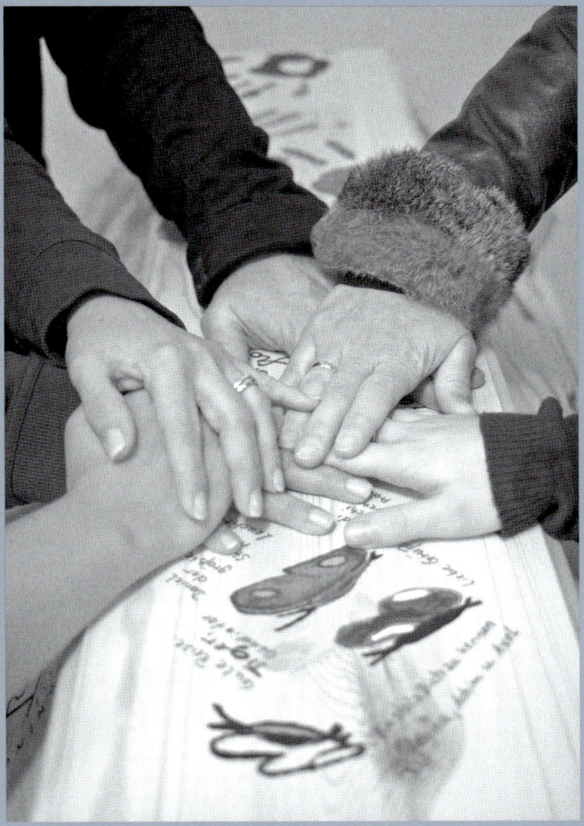

Manchmal

Manchmal möchte ich es einfach.
Manchmal möchte ich einfach traurig sein, einfach die Tränen
fließen lassen, ganz leise.
Manchmal möchte ich einfach lachen, einfach das Lachen
rauslassen, ganz laut.
Manchmal möchte ich einfach wütend sein, einfach
losbrüllen, ganz plötzlich.
Manchmal möchte ich einfach lieben, einfach jemanden
drücken, ganz fest.
Manchmal möchte ich einfach reden, einfach etwas
loswerden, ganz, wie ich es mag.
Manchmal, manchmal, manchmal…

Manchmal möchte ich…
Trauern, wenn die Tränen nicht fließen wollen,
lachen, wenn das Herz nicht mitlacht,
wütend sein, wenn die Wut nicht rauswill,
lieben, wenn die Liebe nicht da ist,
reden, wenn die Stimme versagt.

Inga Sterrenberg

In der Traueranzeige ihrer Eltern Barbara und Uwe nahm Inga mit diesem Gedicht Abschied.

Barbara, Uwe und ich trafen uns im Literaturhaus in Hamburg. Unsere Begegnung werde ich niemals vergessen. Aus all den Briefen, Notizen, Bildern und Texten, die Inga mir schenkte oder hatte zukommen lassen, stellte ich ein kleines Buch für sie zusammen, das ich ihnen an dem Nachmittag geben durfte. Sie haben es angenommen, und alleine diese Tatsache war ein großes Geschenk für mich, auch als sie von ihren verstorbenen Kindern erzählt haben, von Inga und Thimo. *Marie-Thérèse*

Lasst uns vier doch einfach leben ✳ Könnte die Welt doch nur verstehen, dass… uns unsere Kinder Inga und Thimo immer noch genau so fehlen, wie bei ihrem Tod; ihre Körper, das Physische, vor vier beziehungsweise vor vierzehn Jahren beerdigt wurden, ihre Leben aber in uns weiterleben; dass wir unsere tiefe Dankbarkeit für das Geschenk, welches ihr Dasein für uns bedeutet, stets wachhalten; wir mit aller Kraft und so gut wir es vermögen mit unserem Weiter-Leben das Leben unserer geborenen Kinder würdigen möchten; dass wir Schuldgefühle bekommen, wenn uns unser Hier-Sein im Sinne unserer Kinder gerade nicht gut genug gelingt, und wir uns genauso schuldig fühlen, wenn wir es gerade mal schaffen; wir zornig sind und uns beraubt fühlen, wenn wir aus unserem tiefsten inneren Frieden gerissen werden, den wir beim Begleiten ihres Sterbens als so kostbar und lebensrettend erfahren durften; wir uns mittlerweile trauen, anders zu sein als viele oder als ›spinnert‹ zu gelten, auch wenn die anderen glauben, wir müssten uns unsere Denkweisen und Erklärungen genauso hinbiegen, wie sie es gewohnt sind… dass wir uns nicht länger erklären wollen, weil wir die Nähe unserer verstorbenen Kinder auf dem Motorrad in der Natur so intensiv spüren; wir eine unendliche Gnade fühlen, weil wir Inga und Thimo ins Leben einladen durften und uns als ihre Eltern begreifen lernten, um so gemeinsam wachsen zu können; dass die Existenz unserer Kinder für uns ein Schatz war, den wir zu bewahren versuchen; dass wir achten wollen, was geschehen ist, und uns jeden Moment in liebevoller Annahme üben; dass unsere Kinder mehr und mehr am Leben gelitten haben und es ihre heilsame Entscheidung war, sich von ihren Körpern zu verabschieden; dass unsere Fähigkeit weiterzuleben nur darin liegen kann, dass wir nicht auf eure gutgemeinten Ratschläge und eure ›Rezepte‹ hören, sondern unserer eigenen Intuition folgen.

So können wir bis heute nur das erschütternde Resümee ziehen: Verwaiste Eltern, lernt Euch selbst zu verstehen – mit oder ohne Tränen – hört auf, von den anderen verstanden werden zu wollen. Als Schutz und als Boden, damit es für euch selbst leichter wird: Frei zu Sein – ohne Selbstzweifel, Schuld, Anklage…

Wir üben uns darin für uns und die uns anvertrauten Kinder Inga und Thimo.

Wisst ihr eigentlich, wie weh das tut?

Ihr wolltet doch nie eigene Kinder. Oder? · Unsere waren ersehnt und haben gelebt!

Immer diese Kosten fürs Studium · War das nicht euer Ziel? Warum seid ihr nicht stolz? Wie gern würden wir all das bezahlen!

Die Kinder nerven aber auch mit ihren Liebesgeschichten · Wo bleiben euer Mitgefühl und eure Freude? Danke Inga für dein Vertrauen und jede durchquatschte Nacht!

Bloß keine Enkelkinder – bin doch noch keine Oma · Wir wären so gern Großeltern geworden! Diese Sehnsucht mussten wir beerdigen!

Wir stehen im Alter auch mal allein da. Die Kinder arbeiten weit von der Heimat entfernt · Aber eure leben! Unsere sind tot…

Euch geht es doch wohl gut. Macht euch ein schönes Leben. · Zählt für euch nur Materielles? Schaut ihr auch mal hinter die Kulissen? Auch ohne Jammern sind die Kinder noch immer tot…

Jetzt ist endlich wieder Ruhe im Haus. Alle sind wieder weg · Eure Kinder kommen doch wieder. Unsere leider nie mehr. Uns ist die Ruhe viel zu still…

Nur Ärger machen die Kinder · Achtet ihr auch ab und zu ihr Leben? Wie gern würden wir uns ärgern und streiten können!

Hätten wir das gewusst, hätten wir keine Kinder · Bitte?! Was soll das heißen für uns? Was meint ihr? Ist es egal, ob und dass Inga und Thimo gelebt haben?

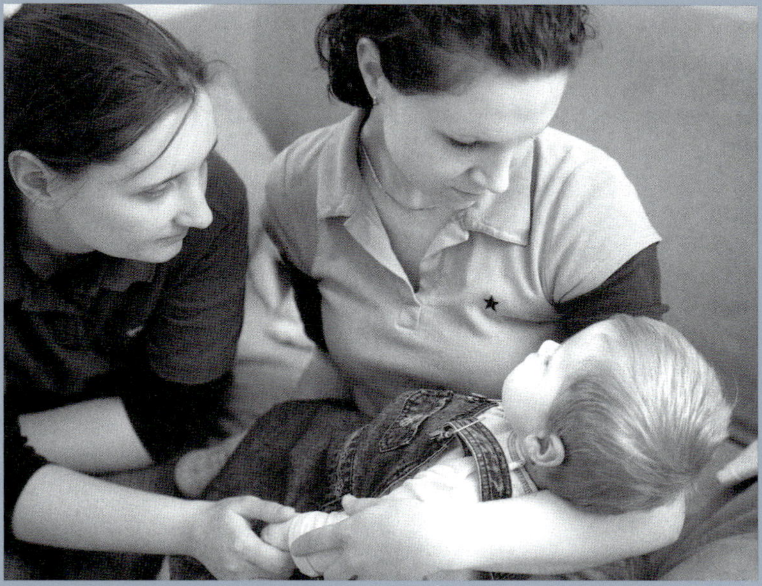

Wir verkaufen unser Familienhaus… *Warum? Wieso? So schnell? Das ist ´ne Flucht! Das werdet ihr bereuen! Da stecken doch so viel Arbeit, Geld und Mühe drin! Ihr wolltet doch…* Ja! Unsere Vision und unsere Sehnsucht waren, ein Familienhaus zu bauen. Am Stadtrand im Grünen. Für uns vier. Thimo war gerade sechs und Inga acht. Die beiden sollten es schön haben. Gute Luft, genug Raum. Einen Platz fürs Familienleben, eine Portion Individualität. Ein neuer Lebensabschnitt mit Wünschen und Idealen für jeden von uns. Eben für eine gute gemeinsame Zeit…
Schon mit dem Beginn des Innenausbaus war diese zu Ende! Thimo fiel in ein Koma. Nach zweijähriger fortschreitender Erkrankung starb er in unserer Mitte, in seinem Pflegebett im Zentrum unseres Hauses.
Gemeinsam mit unserer Tochter begann nun – begleitet durch viele uns rettende Trauerseminare mit anderen Familien und mit Therapeuten – eine zehnjährige Überlebensarbeit. Jeder für sich und wir für uns als veränderte Familie.
Bis auch Inga nach einer knapp einjährigen Krankheit starb… Gerade als wir drei dachten, unser Leben könnte auch wieder gelingen.

Und die Welt stellt uns Fragen nach dem Warum. Hätten wir zwanghaft festhalten sollen an unserer Vergangenheit der Träume und Ziele? Hätte es geholfen, regelmäßig in die leeren Zimmer zu gehen, um alle erlebten Situationen von Krankheit, Schmerz und seelischer Not wachzurufen? Wofür sich ins Studio des Hauses unterm Dach zurückziehen? Auszeit wovon? Da war nichts mehr los! Leere Räume. Den Schmerz des Verlusts der Kostbarkeiten und Schätze des gemeinsamen Lebens spüren? Mit dem Wissen, dass sich diese Räume mit dem Geliebten nie wieder füllen werden – nicht mit Inga und Thimo – nicht eines Tages mit Enkelkindern?
Wir fühlten uns wie im Museum. Vor allem aber allein, zurückgelassen, innen so leer wie das Haus menschenleer war. Was sollten wir konservieren? Sollten wir festhalten an Sehnsüchten, die womöglich zur immer stärker werdenden Sucht und Suche geworden wären, die nie durch das Haus allein Erfüllung und Befriedigung gefunden hätten?

Getragen durch die Liebe unserer Kinder und die Liebe füreinander besannen wir uns auf die Worte meines Mannes Uwe, die uns, seitdem Thimo aus diesem irdischen Leben ging, stets geholfen haben, uns auf das Wesentliche zu konzentrieren. Begonnen hat alles mit uns – mit unserer Liebe füreinander. Und so schafften wir es, fällten wesentliche Entscheidungen – immer auch mit der Frage an unsere Kinder: Was wünscht ihr euch? Für euch? Für uns? –, fokussierten uns darauf, wie es weitergehen kann und soll. Wie überhaupt weiterleben können, nach vorn schauen? Sicher nicht durch bloßes Festhalten an nicht erfüllbaren Träumen! Was ist ein Haus ohne lebende Menschen, die in ihm wirken, ohne ihr Schaffen? Doch nur Steine, Wände, kahle Mauern, die mit Inhalt gefüllt werden möchten.
Wir entschieden uns, ›neu‹ zu beginnen, gemeinsam in eine ungewisse Zukunft zu gehen, geführt durch die Liebe unserer Kinder. Mit all den wesentlichen Erfahrungen unseres Lebens wollten wir eine veränderte Form des Wohnens und Miteinander-Lebens kreieren. Neue Schritte wagen in eine Zukunft zu zweit und doch stets zu viert! Wir bauten ein Haus, ebenerdig, mit allen Vorkehrungen, falls wir tatsächlich zusammen alt werden sollten… Die Schlüsselübergabe fürs Familienhaus zeigte uns, wie gut wir auf uns gehört hatten. Es war nicht nötig, uns im neuen Domizil einzugewöhnen, hatten wir doch jedes Teil allein zu zweit hierhergebracht. Wir waren da. Als besonders heilsam erfuhren wir die intensiv gefühlte Nähe zu unseren Kinder. Sie begleiten uns, sind mit uns, in uns – nicht nur durch Fotos und Zeichnungen –, leben in uns weiter.
Glaubt ihr, die Anwesenheit der einst geborenen Kinder, die kostbare Erinnerung, all das, was unser gemeinsames Leben miteinander ausgemacht hat, könnte jemals vergehen oder verkauft werden? Und meint ihr, wir könnten jemals vor dem Schmerz und der traurigen Einsamkeit fliehen?
Jede Zelle unserer Körper hat sich jedes Erleben nur zu gut gemerkt – jederzeit spontan abrufbar –, ob gewünscht oder auch nicht!
Inga und Thimo leben da, wo wir leben…

Thimo Sterrenberg
Geboren am 24. 12. 1986

Im Oktober 1993 fällt Thimo plötzlich in ein Koma. Es folgt eine zweijährige fortschreitende Erkrankung, für die niemand einen Namen hat. Das Gehirn und damit Lebensfunktionen und seelisches Befinden verändern sich nach jedem Schub.
Im März 1995 Erblindung.
Im Juni 1995 Halbseitenlähmung.
Wir spüren, Thimo soll gehen dürfen, wenn er möchte. Entscheiden, nur noch das zu tun, was er will! Keine Quälereien mehr, kein Pieksen.
Am 27. 9. 1995 geht er lächelnd in einem weiteren Schub aus diesem Leben – wir sind bei ihm.

Inga Sterrenberg
Geboren am 25. 10. 1984

Im Mai 2004 stürzt Inga ohne Anlass beim Speedscating-Marathon.
Sie fühlt sich oft schwach, seelisch aus dem Gleichgewicht gebracht durch Abi und Liebeskummer. Ihre Finger haben keine Kraft mehr zum Gitarre spielen. Im September 2004 kann sie mit ihrem Fuß nicht mehr sicher in ihrem Auto die Kupplung treten. Nerven und Muskeln spielen nicht zusammen. Es folgt eine weitere Verschlechterung ihres gesamten Befindens. Gehen wird zur Herausforderung.
Ab Januar 2005 Untersuchungen und Tests ohne Ende und ohne Erfolg. Viele Diagnosen, aber ohne Lösung und Hilfe. Im März verblutet Inga fast. Infusionen helfen nicht.
Ende März bildet ihr Knochenmark kein gesundes Blut mehr beziehungsweise die Blutzellen werden bereits dort sofort vom eigenen Körper wieder zerstört.
In den ersten Apriltagen ist klar, dass sich Ingas Körper gnadenlos selbst zerstört.
Eine Autoimmunreaktion, wahrscheinlich hervorgerufen durch zweimaliges Pfeiffersches Drüsenfieber mit sechzehn und mit achtzehn Jahren.

Schnell sind alle Organe und auch das Nervensystem betroffen.
Wir entscheiden an Ingas Bett mit allen Ärzten – auch wenn diese meinen, sie bekomme nichts mehr mit –, dass sie aus diesem Leben gehen darf, wenn sie möchte.
Am 11. 4. 2005 ist es so weit. Wir begleiten sie.

Kein Mediziner, kein Mensch in irgendeiner Klinik kann verstehen, wie zwei Kinder in einer Familie an nicht zu erkennbaren Krankheiten sterben, die im Ursprung nichts miteinander zu tun haben und deren Wurzeln auch nicht in genetischen Mustern zu finden sind. Wenn doch bei beiden keine Hilfe möglich war – weder durch die Schulmedizin noch durch irgendeine ganzheitliche alternative Heilmethode –, drängen sich für uns als ihre Eltern doch wesentlich essenziellere Fragen auf. Haben sich die Seelen unserer Kinder gemeinsam zu uns ins Leben eingeladen, weil sie wussten…

Barbara und Uwe Sterrenberg

Während der Jahrestagung der Bücherfrauen e.V. – women in publishing – im November 2009 saßen **Marieke,** heute 39 Jahre, und ich in der Arbeitsgruppe nebeneinander. Das sollte so sein.
Es war direkt eine große Vertrautheit zwischen uns da. Irgendwann zeigte sie mir auf ihrem Handy ein Foto von ihrem behinderten Sohn Tomas. Und irgendwann erzählte sie von ihrem anderen behinderten Kind, Oscar, das an Herzversagen starb. *Marie-Thérèse*

Rote-Mirabellen-Oscar-Gedenk-Marmelade ✪ Fast das Schwierigste war bei meinem Verlust für mich, dass er mit extrem ambivalenten Gefühlen einherging. Als mein Sohn mit dreieinhalb Jahren an Herzversagen starb, hatten wir dreieinhalb Jahre Versorgung zweier mehrfach schwerbehinderter Kinder hinter uns. Unser kleiner Oscar und sein zwei Jahre älterer Bruder Tomas kamen beide mit einem bis heute nicht diagnostizierten, angeborenen Hirnschaden auf die Welt. Die Belastung durch diese Situation war fast unmenschlich. Unser Familienleben war alles andere als ›normal‹ und drehte sich tagein, tagaus um die Pflege und Förderung unserer beiden Söhne. Als Oscar starb, war er rein motorisch nicht über das Säuglingsstadium hinausgekommen. Er konnte zwar Brei essen – doch die Funktion seines gesamten Schluckapparats verschlechterte sich im Laufe seines letzten Lebensjahres so sehr, dass er knapp drei Monate vor seinem Tod eine Magensonde eingesetzt bekam.
Beide Kinder konnten weder selbständig stehen noch gehen. Der Große konnte immerhin krabbeln. Beide brauchten noch Windeln. Beiden musste beim An- und Ausziehen, beim Baden, beim Ins-Bett-Gehen geholfen werden. Beide mussten gefüttert werden. Keiner von beiden konnte sprechen. Keiner von beiden konnte sich mit Zeichen verständlich machen. Wir waren nur mit der absoluten Grundversorgung beschäftigt – die nach einigen Jahren und mit zunehmendem Gewicht der Kinder immer mehr an unseren Kräften zehrte. Für ›Extras‹ wie gemeinsames Bücherlesen, einen Ausflug ins Schwimmbad, eine Massage oder Ähnliches fehlte uns immer öfter die Energie.
Psychisch war bei mir eine Belastungsgrenze erreicht, als Oscar wirklich nicht mehr selbst essen konnte. Gemeinsam verbrachten wir zehn Tage im Krankenhaus.
Durch die künstliche Ernährung kam der Kleine wieder zu Kräften – und die Sonde nährte nicht nur ihn, sondern auch unsere Hoffnung…
Acht Wochen ging das gut, dann kam die nächste Zerreißprobe: ein schwerer grippaler Infekt. Ohne die Magensonde wäre Oscar mit seinen 40° Fieber wohl an Weihnachten 2003 dehydriert und gestorben… Er erholte sich nur langsam. Jedes Mal, wenn wir glaubten, er könne wieder in den Kindergarten, hatte er am nächsten

Tag wieder Fieber. Selbst ein Winterspaziergang, für den er ›nach allen Regeln der Kunst‹ warm in seinen Reha-Buggy eingepackt wurde, und der ihm gesunde frische Luft bescheren sollte, löste erneutes Fieber aus.
Der 27. Januar 2004 war ein bitterkalter, sonniger Wintertag mit -14° C. Oscar schien es besser zu gehen. Nach seinem Sonden-Frühstück jedoch wirkte er gar nicht mehr glücklich. Zwei Stunden später war er tot. Herzversagen.
Mir war das passiert, was man gemeinhin als ›das Schlimmste, was einem passieren kann‹ bezeichnet: Ich hatte mein Kind verloren. Die ersten Stunden vergingen wie in Trance. Durch einen Tränenschleier nahm ich wahr, was um mich herum passierte. Betäubt beschlossen wir, wer als Erstes zu benachrichtigen sei. Ein Teil von mir lag erkaltend und ohne Herzschlag im Nebenzimmer.
Ja, die Trauer war immens.
Doch gleichzeitig empfand ich Erleichterung. Große Erleichterung.
Ich möchte mich eines Vergleichs bedienen: Unser Familienleben glich bis zu Oscars Tod einem viel zu dichten Tannenhain, in dem die Bäume so nah beieinanderstanden, dass kaum noch Licht und Luft zwischen sie drang. Sie konnten nicht mehr ordentlich wachsen und gedeihen. Oscar hinterließ nicht ›eine große Lücke‹ in diesem Hain. Seinen Tod empfand ich vielmehr wie ein dringend notwendiges und daher wohltuendes Ausdünnen, so dass die verbliebenen Bäume wieder Licht und Luft bekamen.
In meinem Herzen jedoch klaffte und klafft sehr wohl eine Lücke. Zur Trauer und zur Erleichterung gesellten sich noch weitere Gefühle: Freude. Dankbarkeit. Stolz.
Ich war stolz auf meinen kleinen Jungen, der so tapfer beschlossen hatte, zu gehen.
Ich war ihm dankbar dafür, dass er uns damit hässliche, herzzerreißende Lebensentscheidungen (Heimunterbringung) abgenommen und seinem Bruder ein besseres Leben mit zwei deutlich weniger belasteten Eltern geschenkt hatte.
Ich freute mich über den so ›gut‹ gewählten Zeitpunkt und über die – bei aller Anstrengung – vielen schönen Stunden, die wir gemeinsam verbracht hatten.
Trauer, Erleichterung, Dankbarkeit, Stolz, Freude – das sind so in etwa die Zutaten, aus denen mein ganz persönlicher Trauercocktail gemischt ist. Aus dem mein Ge-

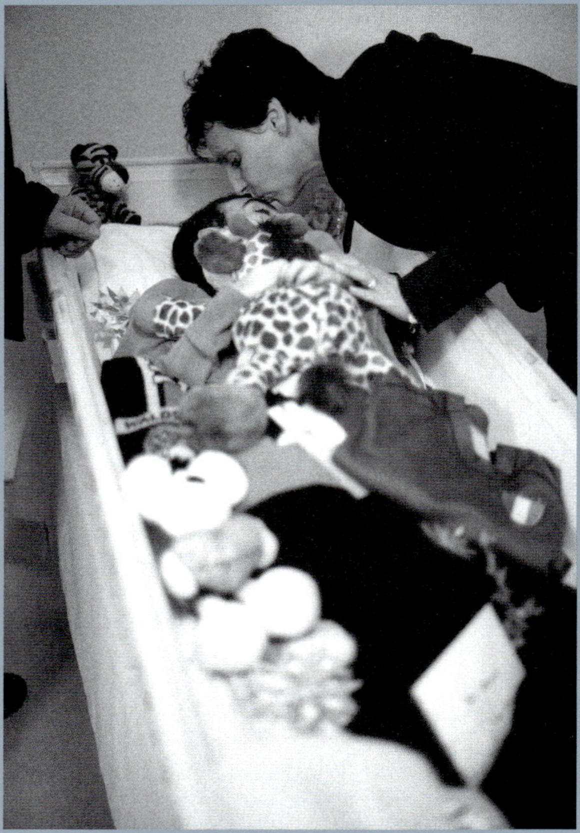

fühlskarussell zusammengesetzt ist. Es dreht sich bis heute. Anfangs atemberaubend schnell. Jetzt immer langsamer. Und es hält mal hier, mal dort an.
›Sein Kind zu verlieren, ist das Schlimmste, was einem passieren kann.‹ Stimmt. Nur war es in meinem Fall leider auch gleichzeitig das Beste, was mir passieren konnte. Denn ich habe zwar mein Kind verloren – dafür aber ein großes Stück meines eigenen Lebens wiedergewonnen.
Es war und ist nicht immer leicht, diese völlig konträr und widersprüchlich erscheinenden Gefühle zuzulassen und mir selbst und anderen gegenüber einzugestehen. Ich weiß, dass ich manche Menschen damit schockiere. Für mich fügen sich die unterschiedlichen Gefühle aber einander ergänzend zu einem runden, gesunden Ganzen: meiner ganz persönlichen Trauer.

Marieke, heute

04. August 2007 · Das gnadenlose Datum. Jetzt ist Oscar länger tot, als er gelebt hat. Drei Jahre, sechs Monate und sieben Tage durften wir seine Wärme und seinen Herzschlag spüren. Der Tag, an dem sein Herz aufhörte zu schlagen, der Tag, an dem die Wärme aus seinem Körper wich, ist nun drei Jahre, sechs Monate und acht Tage her. Und es werden weitere Tage, Wochen, Monate und Jahre verstreichen, und Oscars Lebenszeit wird daneben immer mehr schrumpfen… fast verschwinden.
Ich wusste nicht, wie ich mit diesem Datum umgehen sollte. Ich habe heute viel und bitterlich geweint. Ein Freund war hier und hat mich gehalten. Ausgehalten, möchte ich fast sagen. Mich und meinen Schmerz. Vor allem aber festgehalten. Und unaufhaltsam geht das Leben ohne Oscar weiter…

27. Januar 2009 · Oscars fünften Todestag verbringe ich ganz alleine in Dubai. Unfassbar, wie schnell die Zeit vergeht.
Der Tag fing in guter Gesellschaft und bei gutem Essen an: Mit meinen Flugzeugbekanntschaften Henning und Michaela saß ich gestern Abend im chinesischen

Restaurant beim Dessert eines opulenten Chinese-New-Year-Menüs. Das Jahr der Ratte – mein Jahr – ist vorbei.
Gegen ein Uhr war ich wieder im Hotel, und bis ich das Licht ausmachte, war es kurz nach zwei. Den Vormittag habe ich im Bett verbracht. Erst um zwölf Uhr stellte ich mich ausgiebig unter die Dusche, und um kurz nach eins verließ ich das Hotel. Nun ist es bald drei, und ich sitze im Deira City Centre bei ›Paul‹. Es gab leckere Ravioli mit Lachsfüllung und jetzt einen Café au Lait. Ich will mich heute einfach nur treiben lassen. Ich denke an Oscar und mir kommen die Tränen. Ich habe in den letzten Monaten immer wieder gemerkt, dass es in mir ›brodelte‹. Dass ich den Stier mal wieder bei den Hörnern packen muss. Um wieder ein Stück weiterzukommen. Die letzten Monate waren aber gleichzeitig so arbeitsintensiv, dass ich mir eine tiefergehende ›Auseinandersetzung‹ mit dem Monster, dem Abgrund der Trauer, nicht leisten konnte.
Auch dazu soll diese Reise/Auszeit dienen.

Oh, dieser Schmerz
Süßes Kerlchen
Chaos der Gefühle
All meine Liebe
Ruhe in Frieden

20. Juli 2009 · Gestern habe ich mit Tomas zwei Kilo rote Mirabellen gepflückt. Ganz spontan hat es sich so ergeben, als wir im Garten waren. Ich überlegte, was ich damit machen sollte, und mein erster Gedanke war: einen Geburtstagskuchen für Oscar! Ich dachte über mögliche Rezepte nach. Wir brachten die Mirabellen in die Küche, ich wusch sie. Und dann sprach ich meinen Gedanken Tomas gegenüber aus: »Ich möchte daraus einen Kuchen für deinen kleinen Bruder Oscar backen, morgen ist sein Geburtstag.«
Kaum hatte ich die Worte formuliert, brach ich weinend auf dem Küchenboden zusammen. Da wurde wieder einmal deutlich, was für einen erheblichen emotio-

nalen Unterschied es macht, ob man etwas nur für sich denkt oder ob man denselben Gedanken laut ausspricht… Es tat gut, so unerwartet mal wieder richtig zu heulen.
Der Plan vom Geburtstagskuchen wurde im Laufe des Abends zum Plan von einer Geburtstags-Marmelade. Im Internet suchte ich Rezepte. Heute Vormittag war ich Gelierzucker einkaufen. Dann reinigte ich leere Gläser, die sich angesammelt hatten, und in den frühen Abendstunden kochte und blubberte es auf meinem Herd. Blutrot. Herzblutrot. Geburtsblutrot.
Auf den Etiketten steht jetzt ›Rote-Mirabellen-Oscar-Gedenk-Marmelade, 20. 07. 2009‹. Und ich habe für mich den Begriff ›therapeutisches Kochen‹ geschaffen. Oscar wäre heute neun Jahre alt geworden.

31. Oktober 2009 · Heute hatte ich mal wieder so einen Abend…
Vor ziemlich genau zehn Jahren habe ich Oscar empfangen. Vor neun Jahren war ich mit ihm im Krankenhaus, weil irgendetwas mit ihm nicht stimmte. Vor sechs Jahren wurde ihm eine PEG-Sonde eingesetzt. Und vor fünf Jahren war er dann schon unter der Erde.
Die Zeit heilt nicht alle Wunden.
Aber der Schmerz zieht sich zurück, klopft immer seltener an. Ich habe literweise Tränen vergossen, es aber auch geschafft (endlich! nach fast drei Jahren Pause!), am Scrapbook über sein Leben weiterzubasteln. Das war die reine Therapie.
Es war ein seltsam trauriges, gutes Gefühl.

30. Januar 2010 · Den Todestag am Mittwoch habe ich erstaunlich gut überstanden. Offenbar wurde die Trauer zwei Tage ›zu früh‹ durch die sich anbahnenden neuen Abschiedsszenarien (Tomas' Heimunterbringung) und das dem Todestag 2004 so ähnliche Wetter (bitterkalt, Sonne, Schnee) ausgelöst… Montag hing ich völlig in den Seilen und weinte viel. Dienstag ging's mir auch nicht viel besser, ich griff zu Bachs Notfalltropfen und war wirklich bange, wie es mir am Mittwoch gehen würde…

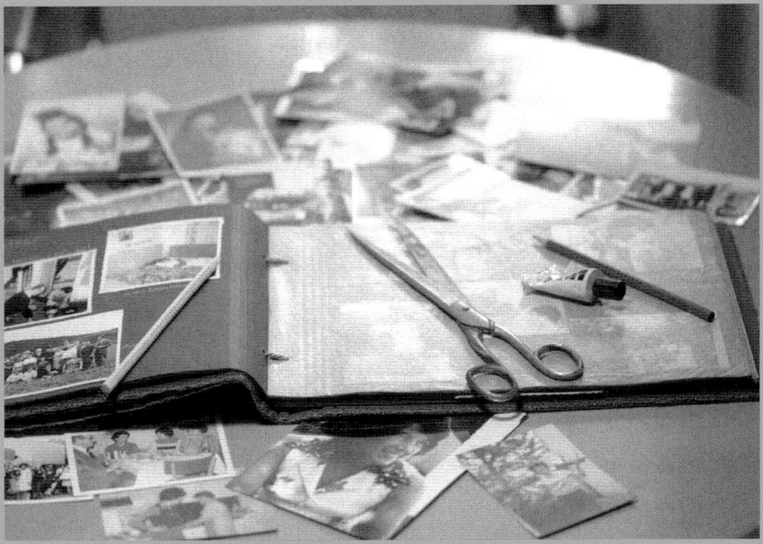

Um 5.15 Uhr aufgestanden, ein Bild von Oscar mit Kerze auf dem Küchentisch aufgestellt, Tomas für die Schule fertiggemacht, um 7.15 Uhr habe ich ihn in den Behindertenbus gesetzt und dann bin ich wieder ins Bett gekrochen. Als dann um 9 der Wecker klingelte, war ich gut gelaunt und motiviert – und habe viel ›geschafft‹. Tja, so kann das gehen mit der Trauer und den Jahrestagen…

Marieke Heimburger

Joachims und mein Weg kreuzten sich beim zehnjährigen Jubiläum eines Bestattungshauses in Mainz. Dort sah ich Fotografien einer Ausstellung, die in einem Kinderhospiz aufgenommen waren. Sie waren so ergreifend, so innig, dass ich sofort wusste: »Darüber möchte ich etwas schreiben.« So kamen Joachim und ich ins Gespräch. Dabei lernten wir auch, mit der Trauer um unsere eigenen verstorbenen Geschwister offener umzugehen.
Marie-Thérèse

Marianne und ich im Karussell ⁘ Es gibt Tage im Leben, die man nie vergisst. Einige kündigen sich lange vorher an, Prüfungstermine zum Beispiel. Andere beginnen ganz normal, nehmen aber dann eine nicht vorhergesehene Wende.
So ein Tag fand im Herbst 1965 in meinem Leben statt. Über den Morgen, den Mittag und Nachmittag gibt es nichts Nennenswertes zu berichten.
Es war der Abend.
Meine Schwester saß mit meiner Mutter in der Küche und erzählte ihr von ihrer Seminararbeit in Germanistik. Es ging um Georg Trakl, den österreichischen Lyriker, der 1887 in Salzburg geboren wurde. Er wurde nur 27 Jahre alt, was mir als Sechzehnjährigem ausreichend lange erschien. In seinem Leben spielten Rauschmittel eine große Rolle und vor seinem Tod nahm er, aufgrund der Erlebnisse bei der Schlacht von Gródek seelisch zerrüttet, eine Überdosis Drogen ein. Er starb wenig später im Krakauer Lazarett an einer Kokainvergiftung, wobei nie geklärt wurde, ob es Selbstmord oder ein Unglücksfall war.
Eine weitere Besonderheit in seinem Leben war das sehr innige, vielleicht inzestuöse Verhältnis zu seiner Schwester. Auf jeden Fall waren seine Liebeserklärungen ihr gegenüber immer mit Formulierungen verbunden, die Schuldgefühle zum Ausdruck brachten.
Es war seine Sprache, diese bilderreiche Sprache voller Metaphern, die mich regelrecht ansprang. So düster melancholisch, so klar morbid. Sie hat in mir etwas angestoßen, das dann ins Schwingen geriet.
Ja natürlich, ich war damals in der Pubertät, konfus, orientierungslos – gerade dabei, meine Welt zu erfinden. Und in Trakls Worten habe ich etwas gefunden, das ich gut brauchen konnte. Etwas, das auch heute noch in mir ist. Ich ging damals in mein Zimmer und schrieb ein Gedicht. Es hieß ›Das Karussell‹ und handelte von meiner Konfusion. Endlich hatte ich ein Ventil gefunden, eine Möglichkeit, meine Gefühlswelt zu sortieren.
Als ich es dann meiner Schwester und meiner Mutter vorgelesen habe, fand ich noch etwas – Anerkennung.
So werden Lebenswege geprägt. Nein, ich wurde kein Dichter.

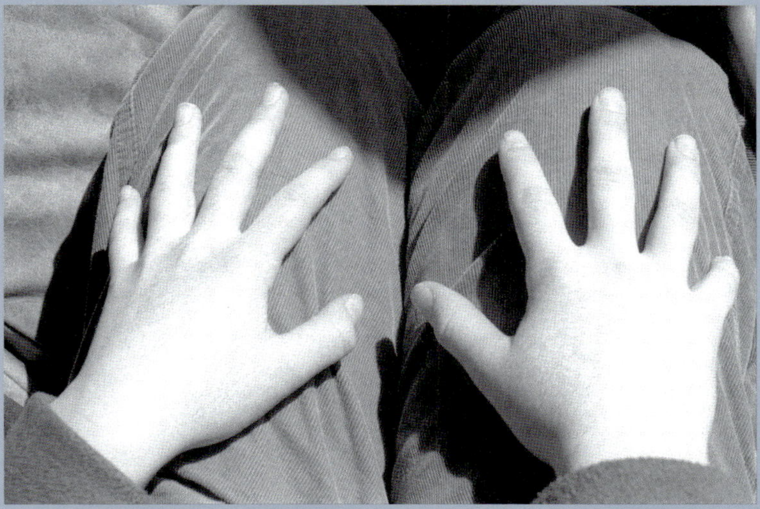

Als Fotograf bin ich viele Umwege gegangen. Ich musste sie gehen, weil für einen Zwanzigjährigen Dinge wichtig sind, die für einen Dreißigjährigen uninteressant sind, weil bereits abgehandelt. Für einen Vierzigjährigen wiederum werden alte Dogmen weich und instabil, und ein Fünfzigjähriger erwischt einen Zipfel der Gelassenheit, mit der ein Sechzigjähriger…? Ich will nicht vorgreifen.
Und natürlich habe ich immer nach einer Möglichkeit gesucht, meine Fotos und Trakls Gedichte zusammenzubringen. Als ich als Fotograf den Mikrokosmos der Strukturen von Holz, Putz oder Rost für mich entdeckt hatte, sah ich darin Trakls Bildwelt vor mir, das, was er durch seine Sprache in meinem Kopf an Farben, Formen, Gefühlen und Stimmungen ausgelöst hatte. Die konkreten Substantive, Verben verlassen und sich ganz der Stimmung, die sie auslösen, hingeben. Das war schön!
Es war ein Spiel, das ich dann auch wieder mit meiner Schwester spielen konnte. Wir nahmen uns ein Foto und assoziierten dazu, was immer uns einfiel. So fanden wir die Titel für unsere Gedichte. Wir waren aufgeregt, haben viel gelacht und waren uns sehr nah.
Nach dem Tod meiner Eltern nahm sie sich das Leben.
Alles, was ich Marianne mitgeben konnte, war Trakls Gedicht ›An die Schwester‹. Es war, als hätte Trakl meine Schwester gekannt, als hätte er nur sie beschrieben. Woher hat er gewusst, dass sie ein Karfreitagskind war? Dass Gott ihre Lider wirklich verbogen hatte – und ihr schmales Lächeln, es hat getönt. Ich bin ihm sehr dankbar für diese Worte. Ich hätte kein besseres Bild dafür finden können.

Marianne – Schwester · Du bist die erste und einzige Person, die ich kannte, die genauso wie ich unter diesem Elternhaus gelitten hat. Wie ich heute weiß, noch viel mehr als ich. Auf jeden Fall anders, intensiver, brutaler, subtiler.
Fest steht, dich haben sie kaputt gemacht. Immer hast du dich schuldig gefühlt. Dabei hat Vater dir so viel angetan.
Das Perfide war, dass sich die Rollen umkehrten – der Täter wurde zum Opfer und du hast alle Schuld bei dir gesucht.

An die Schwester

Wo du gehst wird Herbst und Abend,
Blaues Wild, das unter Bäumen tönt,
Einsamer Weiher am Abend.

Leise der Flug der Vögel tönt,
Die Schwermut über deinem Augenbogen,
Dein schmales Lächeln tönt.

Gott hat deine Lider verbogen,
Sterne suchen nachts, Karfreitagskind,
Deinen Stirnenbogen.

Georg Trakl

Dieses Schweigen! Dieses entsetzlich viel sagende, alles erstickende Schweigen. Jeder in diesem Haus rätselte über seine Rolle, seine Schuld an diesem Schweigen. Jeder für sich, so haben wir zusammen gelebt. Wir waren keine Einheit, keine Familie. Wir waren Menschen, die nach außen Theater spielten für jeden x-beliebigen Fremden.
So habe ich es empfunden. Deshalb habe ich in meinem Zimmer Lebensmittel gehortet, um unabhängig sein zu können. Deshalb hatte ich keinen Impuls, nach Hause zu rennen, als ich verletzt war. Überallhin, nur nicht ›nach Hause‹. Meine schlimmsten Feinde saßen mit mir am Küchentisch. Dazu gehörtest auch du, wenn du dich eingereiht hast in die inquisitorische Phalanx vor der Eckbank. Nach Vatis Tod wurde es eher noch schlimmer. Du hast immer mehr sein Denken übernommen, mich in eine Rechtfertigungshaltung gedrängt, weil jeder dir irgendeinen Blödsinn erzählen konnte, den du eher bereit warst zu glauben als mir.
Und trotzdem gab es eine tiefe Verbindung zwischen uns. Zumindest habe ich es so gesehen: Wir waren ›verletzte Kinder‹. Und du warst immer bereit, zuzuhören, mich ernst zu nehmen. Nicht unbedingt als handelnde Person, sondern eher als deinen Bruder. Dadurch habe ich einen Funken Selbstachtung bewahren können.
Ich wollte dich retten, später nur noch dir helfen. Dazu hätte ich dich von meiner Lebensstrategie überzeugen müssen – ein völlig unmögliches Unterfangen.
Als ich am 28. Februar die Haustür unseres Elternhauses aufschloss, in dem du beschlossen hattest, zu leben, spürte ich, dass meine Welt sich in den nächsten Momenten verändern würde. Ich hatte Angst vor dem, was mich erwartete.
In der Erinnerung sehe ich mich zweigeteilt – der eine findet dich bewusstlos in der Küche, trägt dich aufs Sofa, ruft den Notdienst, tut das Notwendige; der andere sieht die verdunkelten Räume, die Kerzen vor den Bildern der Eltern, das Chaos in allen Zimmern, sieht, dass hier ein Weg nicht mehr weitergeht. Was uns bleibt, ist der Morgen am ersten März, als ich dich im Arm gehalten habe, als du gegangen bist.

Joachim M. Huber

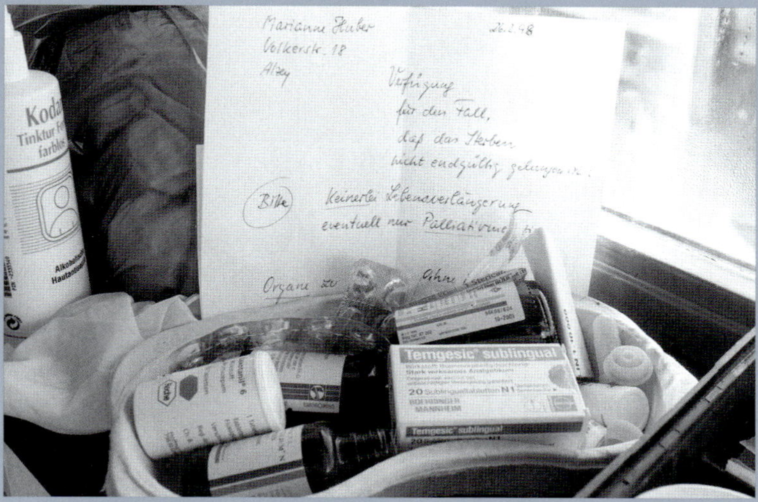
Marianne Huber
26.2.98
Volkerstr. 18
Alzey
Verfügung
für den Fall,
daß das Sterben
nicht endgültig
Bitte
Keinerlei Lebensverlängerung
eventuell nur
Organe
Tinktur
Temgesic® sublingual
Stark wirksames Analgetikum
20 Sublingualtabletten N1
BOEHRINGER MANNHEIM
Temgesic® sublingual

Wer warst du wirklich, Jacques, mein Bruder? ✤ Am Sonntagnachmittag, den 1. Juni, rief mich einer meiner besten Freunde aus Hamburg an: Kees. Er war in seinem kleinen Haus an einem See in der Nähe von Hamburg, wo ich ihn hin und wieder besuche, wenn ich mal mit jemandem reden möchte, der für mich wie ein Bruder ist. Und das ist Kees.

Er erzählte mir begeistert: »Ich sitze hier im Schatten vor der Tür von meinem Häuschen und beobachte die Scheune auf der anderen Straßenseite. Ich sehe mindestens dreißig Schwalben und kann dir kaum beschreiben, wie wunderschön sie fliegen. Auf und ab, hin und her, in Kreisen und Kurven, in langen und kurzen Schleifen. Es ist so, als würde ich in einer meisterhaften Partitur lesen, einer Partitur von unvorstellbarer Schönheit und Harmonie.« Er beschrieb mir die ›Schwalbenkomposition‹ so intensiv, dass ich glaubte, neben Kees im Schatten zu sitzen und die virtuosen Bewegungen der ›Schwalbenmusik‹ sehen und hören zu können.

Kurze Zeit später klingelte das Telefon wieder und ich erfuhr, dass du gestorben bist. Jacques, mein Bruder.

Genau in dem Augenblick, als die Schwalben sangen und flogen und dich mitgenommen haben, irgendwohin. Fort aus der Muschel, in der du schon so lange wohntest und aus der du nur noch ab und zu zum Vorschein kamst. Irgendwann hast du dich dafür entschieden, ein Muschelhaus um dich herum zu bauen, um dich dort zu verkriechen. Mal für eine kurze Zeit, mal für eine längere. Ich bin mir sicher, dass die Innenseite deines Muschelhauses in allen Farben des Regenbogens schillerte und du dich dort sicher und beschützt gefühlt hast.

Als ich dich das letzte Mal, am Ostersamstag, sah und hoffte, dich zu überreden, für nur wenige Minuten zu unserem Geschwistertreffen zu kommen, da spürte ich, dass es vielleicht das letzte Mal sein könnte, dass wir uns sehen in diesem Leben. Deine Hände waren schmal, so wie Vaters Hände, deine Augen hellblau und glasklar. Du sagtest öfter zu Gottfried und mir: »Uns geht es gut hier. Mehr brauche ich nicht.« Und du sagtest auch noch: »Ich habe schon länger nicht mehr an meinen verstorbenen Sohn Werner gedacht. Aber er ist jetzt wieder öfter ganz dicht bei mir. Fast bin ich bei meinem Sohn. Noch nie war ich ihm so nahe.«

Es war das erste Mal, dass du mit mir über dein ältestes Kind sprachst, seitdem es gestorben ist. In kurzen Sätzen deutetest du an, dass du dich mit dem Tod beschäftigtest. Indirekt mit deinem eigenen Tod.
Nach unserem Besuch bei dir gabst du mir deine Hand, was du selten oder nie getan hast. Ich fühlte deine Hand in meiner und ich spürte an deiner Hand, dass du öfter in einer anderen Welt unterwegs warst, wo du dich schon auskanntest und wir noch nicht. An diesem Ostersamstag öffnetest du diese Tür ein wenig und du erlaubtest mir für Sekunden hineinzusehen.
Du warst und bist mein ältester Bruder, Jacques, und ich sah danach in kurzen Träumen und Augenblicken mehrere Momente aus deinem Leben. Du warst schon acht Jahre alt, als ich geboren wurde. Meine ersten Erinnerungen sind die, dass du Schüler warst am St. Thomas-College. Und vor allem erinnere ich mich, dass du den Josef spielen durftest in unserem Krippenspiel zu Hause. Jahre später musstest du ganz früh aufstehen, um für deine Ausbildung den ersten Zug nach Nijmegen zu schaffen. Unsere Mutter bereitete immer eine kleine Blechdose mit Butterbroten und eine Thermoskanne mit Kaffee für dich vor. Irgendwann gingst du zu Vater ins Büro, um dort zu arbeiten. Du warst nicht nur Mutters Liebling, die dich immer verwöhnt hat, sondern auch die Damen im Büro waren von dir angetan. Deine sturen Männergeschichten über deine Freunde und dich, auch daran erinnere ich mich. Und auch daran, dass wir neun Geschwister alle den Mund halten sollten, wenn im Radio die Sendung mit Chris Howland lief oder ein spannendes Hörspiel. Schon früh trugst du lange Hosen und eine Frisur mit viel Brillantine, so wie James Dean. Eiskalte Bierflaschen und kratzige Deckel von Colaflaschen ließest du bei uns, deinen Schwestern, in die Ausschnitte der Sonntagskleider gleiten. Du durftest viel, was wir alle nicht durften: mit dem Lambretta-Scooter der Familie herumfahren, später mit dem Familienauto, immer. Bis du dir selber einen Oldtimer kauftest. Das Einzige, was du mir erlaubtest, war, dass ich mit meinen Freundinnen in deinem Zimmer für das Abitur lernen durfte. Es war größer als meins. Auch erinnere ich mich an deine perfekte Weihnachtskocherei. Ein Menu aus mehreren Gängen. Niemand wagte es, dich beim Kochen zu stören.

Dann kam Irene, deine Frau, in dein Leben. Und es wurden drei Kinder geboren. Dein Leben ist nicht spurlos an dir vorbeigegangen, Jacques. Die schwerste Zeit war die nach dem Tod deines Erstgeborenen und nach Mutters Tod. Danach habe ich dich immer weniger getroffen. Aber wenn wir uns trafen, dann fühlte ich, dass irgendetwas in dir zerbrochen war, in tausend kleinen Scherben. Du hast versucht, sie wieder zusammenzufügen. Du hast dir so viel Mühe gegeben, aber das Leben schmerzte dich zu sehr. Du hast nie viel geredet, aber jetzt zogst du dich noch mehr zurück, in dein Muschelhaus.

Als dein erstes Enkelkind geboren wurde, warst du wieder da, und dein Muschelhaus stand für eine Weile leer. Aber du warst nie allzu weit von ihm entfernt. Auch auf dein zweites und drittes Enkelkind warst du stolz. Du zeigtest Gottfried und mir ihre Fotos, als wir dich das letzte Mal besuchten.

Du warst kein einfacher Bruder, Jacques. Und ich keine einfache Schwester. Manchmal war ich richtig wütend auf dich, so wütend, dass ich gar nichts mehr mit dir zu tun haben wollte. Das änderte sich, als ich hörte, dass du öfter krank warst und deine Frau dich mit unendlicher Geduld versorgte und pflegte.

Während ich das hier schreibe, am 2. Juni 2003, sitze ich auf einem kleinen Friedhof neben einer Kirche aus dem dreizehnten Jahrhundert in einem Dorf in der Nähe von Hannover. Ich denke dabei an ein Bilderbuch über einen Dachs, der müde ist vom Leben und zu jedem Freund, der ihn besucht, sagt:

»Wenn ich nicht mehr da bin, dann geht es mir gut. Dann brauche ich keine Brille mehr, und keinen Stock zum Gehen. Meine Füße tun mir nicht mehr weh. Vorher gehe ich durch einen langen Tunnel. Am Ende dieses Tunnels ist es ganz hell. Und alles ist dann gut, für euch und auch für mich. Denn ich weiß, dass ich demnächst gehen muss.« Der Dachs ist gegangen und du auch, Jacques, vielleicht zusammen mit den Schwalben, weggeflogen in die Ferne, so leicht wie diese winzigen Vögel.

Als der Dachs nicht mehr da ist, finden seine Freunde die Brille und seinen Stock und einen Brief mit einem einzigen Wort: »Leb wohl«.

Sie erinnern sich an alle Lebensgeschenke, die sie von ihm bekamen. Der Dachs

hatte dem Frosch zum Beispiel das Schlittschuhlaufen beigebracht, ganz einfach, ohne Schlittschuhe. Alle Tiere stellen sich auf den kleinen Hügel in der Nähe und sagen: Leb wohl, lieber Dachs. Danke für alles Gute, was du uns geschenkt hast.
Beim letzten Mal gabst du mir auch ein Lebensgeschenk. Du brauchtest lange, um mir das zu sagen: »Es geht mir gut mit Irene und den Kindern. Ich bin zufrieden.«
Du hattest Frieden geschlossen mit dir selbst und mit deinem Leben und hast mir gesagt, dass du wieder dicht bei Werner warst. Du hast angedeutet, dass du dich über kleine Dinge freuen konntest.
Diese Schwalbenfeder fand ich auf dem Friedhof, wo ich 24 Stunden nach deinem Sterben diese Zeilen schrieb. Ich lege die Feder jetzt auf deinen Sarg und möchte sie dir mitgeben, als Symbol für das leichte Davonfliegen und Weggehen-Dürfen.
Vielleicht finde ich deine Muschel noch, irgendwo. Hier ist mein Zettel für dich, mit wenigen Worten.
Adieu Jacques. Leb wohl. Ruhe in Frieden.

Deine Schwester Marie-Thérèse

AVENUE
DE LA LIBÉRATION

Jacques, mein Bruder

Sieben Jahre später.
Wer warst du eigentlich, Jacques?
Du, mein ältester Bruder.
Für mich als Kind ein großes Fragezeichen.
Als Jugendliche ein unlösbares Rätsel.
Als Erwachsene wusste ich immer noch nicht,
wer du eigentlich warst.

So wenige Worte, so wenige Gesten.
Was gibt es noch zwischen uns?
Nach all den Jahren im Elternhaus? Und danach?
Und jetzt?

Dann sah ich dich, auf deinem Totenbett.
In deinem hellblauen Lieblingspullover.
In deinen schönsten Jeans,
an den Füßen weiche Schuhe.
Lächelnd.
Obwohl du ganz allein gestorben bist.

Durch dein Lächeln glaubte ich, dich endlich besser kennenzulernen.
Du durftest fort.
Dorthin, wo du schon lange sein wolltest.
Zu deinem Sohn. Vor sieben Jahren.

Ich traute mich damals, an deinem Totenbett,
deine eiskalten Hände anzufassen.
Ich traute mich, mit dir zu sprechen.
Ich sagte dir all das, was ich schon immer sagen wollte.

Dass du mich so oft quältest, als ich noch ein Kind war.
Dass du mich kaum wahrgenommen hast.
Obwohl ich mir so viel Mühe gab.
Dass du mich ausgelacht hast, wegen meiner hässlichen Brille mit den dicken Gläsern.
Und mich aufgezogen hast,
weil mein Körper erst so spät anfing, eine Frau aus mir zu machen.

Dabei warst du doch mein großer Bruder,
den ich gern bewundern wollte.
Du warst schon so erwachsen und irgendwo in einer anderen Welt unterwegs.
In einer Welt, die mir fremd und unheimlich war.
In einem Land, in dem keine Feen mehr wohnten,
sondern große Menschen mit geheimnisvollen Gesprächen,
die ich nicht verstand.
In einem Land, von dem ich glaubte,
dass Kinder dort aus dem Bauchnabel kamen.

Doch dann, an einem Sonntag, geschah es.
Dein Sohn starb.
Völlig unerwartet.
Mit siebzehn Jahren.
An einem warmen Sommerabend.
Er lächelte dich, seinen Vater, noch im Licht der untergehenden Sonne an.
Dann verharrte das Strahlen.
Erstaunt sah er sich um, wollte etwas sagen.
Dir, seinem Vater, seiner Mutter, seinen beiden Geschwistern.

Wortlos fiel er nach vorne auf den mit Blumen geschmückten Tisch und starb.
Dein Lieblingskind.
Die Zeit stand still.

Die Vögel hörten auf zu singen,
und du, als Vater,
fielst auch.
In eine stille, sprachlose Erstarrung, aus der du dich bis zu deinem Tod nicht mehr ganz lösen konntest.

Von da an verkrochst du dich endgültig in dein Muschelhaus und kamst nur noch selten heraus.

Danach fingst du an, so weiterzuleben, wie du auch gegangen bist.
Für dich. Allein.
Jacques, mein großer Bruder.

Ich traute mich, dein kühles Gesicht zu berühren.
Deine erkalteten Lippen.
Mir fielen deine Worte ein, die du mir eine Woche vor deinem Tod sagtest, ehe wir uns verabschiedeten:
Fast bin ich bei meinem Sohn.
Noch nie war ich ihm so nahe.

Und ich küsste dich.
Mein erster und letzter Kuss für dich, von mir.

Danke, Jacques, dass du mir dein letztes Lächeln gegeben hast.
Dafür brauchten wir dann keine Worte mehr.
Dein Lächeln ist endlos und löste viele Fragen.
Dein Muschelhaus brauchen wir nicht mehr.

Marie-Thérèse, deine Schwester, am 17. 2. 2010

Du warst immer meine große Ganz-Schwester * Elly, meine älteste Schwester, starb nach kurzer, schwerer Krankheit im Februar 2009. Ein zweiter Gehirninfarkt setzte ihrem prallen, ausgefüllten Leben ein Ende. Ein Leben voller Familienglück mit fünf Kindern, vierzehn Enkelkindern und ihrer großen Liebe: Jan. Nach dem ersten Infarkt schien es jedoch, als würde Elly sich erholen.

Wir beide trafen uns das letzte Mal vor der Beerdigung unseres Bruders Hans. Und ich ahnte, dass du die Nächste von uns zehn Geschwistern sein könntest, die wir zu Grabe tragen würden. Ich wagte mit niemandem darüber zu sprechen. An deinen Augen, die mich fragend ansahen, konnte ich ablesen, dass du mich wahrnahmst, dass du mich verstanden hattest, aber nur mühevoll antworten konntest. Und dass du wusstest, was ich wusste. Und ich konnte nur hoffen, dass du es schaffen würdest, noch für eine Weile bei Jan zu bleiben, der deine Hand hielt und dich immer wieder liebevoll anblickte.

Ich fotografierte euch, fühlte mich nicht wohl dabei, weil ich dich noch nie so hilflos erlebt hatte. Deine Kinder wurden alle zu Hause geboren. Du warst noch nie als Patientin in einem Krankenhaus gewesen.

Unter unbeschreiblicher Anstrengung ging Elly aufrecht, an ihrem Stock und untergehakt bei Jan, in den großen Raum, in der die Trauerfeier stattfand. Vorbei an den endlos langen, gefüllten Stuhlreihen in der Kapelle. Vorbei an den flüsternden Trauergästen. Schleppend ging sie nach vorne, wo der schlichte Sarg unseres Bruders stand. Daneben saß sein kleiner Hund: Saartje.

Es zerriss mir das Herz, zu sehen, wie wir lernen mussten, dass das Leben irgendwann bei jedem von uns Geschwistern aufhört.

Drei Monate nach dem Tod unseres Bruders Hans schlug die Krankheit bei Elly wieder zu. Dieses Mal endgültig. Obwohl sie schon im Koma lag, wartete sie mit dem Sterben, bis ihr jüngster Sohn Gijs und seine Frau aus Utrecht an ihrem Bett standen. Zusammen mit Jan und all ihren anderen Kindern. Gemeinsam hatten sie entschieden, die Geräte abzuschalten und Elly auf natürlichem Wege sterben zu lassen. Nur schmerzlinderndes Morphium half ihr, diese letzten Schritte in Würde zu tun, ohne den Stock, umgeben von Menschen, die sie liebten.

Elly war immer aktiv und lebensbejahend. Für sie wäre ein Leben als zartes Gewächshauspflänzchen oder im Rollstuhl nicht in Frage gekommen. Nicht für sie, und auch nicht für Jan und die Kinder. Deshalb konnten alle Elly gehen lassen.
Du gingst ruhig und zufrieden weg. Weg von all denen, die dich so aufrichtig geliebt haben.
Heute, genau vor einem Jahr, nahmen wir Abschied von dir, Elly, der schönen, ältesten Schwester, Wegbereiterin für uns alle.
»Meine eine Hälfte ist nicht mehr da«, sagte mir Jan vorhin am Telefon. »Sie ist fort, ich bin nur noch halb vorhanden. Mein Mädchen und ich wussten immer genau, was wir uns sagen wollten, auch ohne Worte. Wenn einer von uns fragte: ›Wollen wir…‹, dann sprach der andere den Satz zu Ende. Es waren immer gemeinsame Gedanken, Ideen und Vorschläge.«
Beim Abschied von Elly in der Kirche hatten ihre Kinder Fotos aus Ellys Leben zusammengetragen. Ihre Mutter und Jans Ehefrau wurde von der Geburt an bis kurz vor ihrem Tod auf einer großen Leinwand gezeigt. Wunderschöne Bilder, die langsam vorbeiglitten, begleitet von leiser Musik. In Ruhe sahen wir im engsten Familienkreis in kurzen Augenblicken ihr erfülltes, meistens glückliches Familienleben.
Trotzdem fielen mir Worte ein, die Elly ausgesprochen hatte, als wir Schwestern uns für das Buch *Schwestern* von Ute Karen Seggelke trafen, fotografiert und interviewt wurden.
Sie sagte damals: »Meine Mutter starb bei meiner Geburt. So sind die neun jüngeren Geschwister meine Halbgeschwister und unsere Mutter ist meine Stiefmutter. Ich war sechs Jahre alt, als meine erste Schwester Tonny geboren wurde, und die jüngste, Marlène, ist zwanzig Jahre jünger als ich. Ich war zu der Zeit schon Krankenschwester. Ich fühlte mich immer sehr alleine. Mein Leben hat eigentlich erst begonnen, als ich geheiratet und eine eigene Familie gegründet habe. In meiner Welt haben meine Schwestern wenig Platz.«
Als alle Bilder gezeigt waren, fiel mir auf, dass nicht ein einziges Foto von uns Halbgeschwistern dabei gewesen war. Warum nur? Ihr Mann, ihre Kinder und Enkelkinder waren nach ihrer Heirat alles für sie. Sie waren ihr Leben. Aber davor? Dort

hatten wir Halbgeschwister tatsächlich wenig oder gar keinen Platz. Für mich war Elly aber keine halbe Schwester, nie! Sie war immer eine ganze.

Was bedeutete mir Elly?
Einen Vorfall vergesse ich nie…
An einem Abend, ich war ungefähr dreizehn Jahre alt und meinem Alter entsprechend wahnsinnig neugierig, fand ich im Kinderzimmer im Schrank, in dem jedes Kind ein kleines Fach für persönliche Dinge hatte, ein dickes, altmodisches Gebetbuch. Es gehörte unserem Vater. Ich langweilte mich, blätterte in diesem Messbuch herum, in dem viele Andachtsbildchen lagen – ich sammelte solche Bildchen –, und plötzlich hielt ich eines mit einem schwarzen Rand in der Hand. Auf der Rückseite stand der Name meines Vaters mit dem Zusatz: Witwer von… Mir stockte der Atem. Ich erstarrte. Über dem Namen meines Vaters stand der Name einer Frau, von der ich noch nie etwas gehört hatte. Ich flatterte am ganzen Körper, als ich meiner Mutter das Andachtsbildchen hinhielt. »Wer ist das?«, fragte ich. Sie war wie immer sehr beschäftigt, hatte gerade wenig Zeit für mich und meinte: »Das ist die erste Frau deines Vaters. Sie starb bei Ellys Geburt.« Das verschlug mir die Sprache. Elly? Nicht meine echte Schwester? Ich hatte eine Stiefschwester? Oder Halbschwester? »Ich vergaß wohl, es dir zu sagen.« Wie konnte Mutter so etwas nur vergessen?
Ich schluckte mehrere Male, legte das Bildchen wütend zurück und beschloss, dass Elly meine ganze Schwester war und blieb. Und über die Witwe meines Vaters wollte ich nichts wissen.
Elly, meine große Ganz-Schwester, in ihrer Krankenhaustracht habe ich in sehr guter Erinnerung. Eine stolze, eigenwillige Frau, die oft mehrere Tage hintereinander mit niemandem sprach, weil sie für sich sein wollte. Da war sie wie Vater, der das genauso handhabte. Als wäre eine unsichtbare Mauer um sie herum, die wir um Himmels Willen nicht berühren, geschweige denn einreißen durften.
Elly wurde eine komplett andere Elly, als sie sich endgültig verliebte. Ich durfte ihren Auserwählten als Erste begutachten. Das rechne ich ihr heute noch hoch an.

Von uns sechs Schwestern war ich es, die Alibischwester spielen durfte! Wir fuhren mit dem Bus in das Dorf, in dem er wohnte und im Juweliergeschäft seines Vaters arbeitete, und ich sollte mit einer Ausrede in den Laden gehen und ihr später sagen, wie ich ihn fand. Ich genehmigte ihn sofort und er belohnte mich später mit reichlich Geld für Pommes, wenn die beiden Verliebten sich in Ellys Zimmer unter dem Dach im Elternhaus trafen und eines der Geschwister als ›Wachhund‹ mit dabei sein sollte. Ich übernahm diese Dienste gern und verschwand in die Pommesbude, möglichst lange, denn blöd war ich ja auch nicht.
Irgendwann zog ich nach Deutschland.
Die Familienbesuche zu Hause waren anstrengend. Meine Geschwister bekamen Kinder, wollten sie vorführen, wir sollten kommen und sie besuchen…
Elly hatte aber einen besonderen Platz in meinem Herzen. Weil ich sie als *ganze* Schwester adoptiert hatte. Weil ich sie bewunderte für all das, was sie bei den Eltern für uns durchgesetzt hatte.
Einmal besuchte sie uns mit Jan in Hamburg. Für sie war es eine Weltreise, denn sie meinte: »Warum soll ich reisen? Ich bin so glücklich in unserem Haus mit dem Garten und mit dem, was ich gerade mache.«
Sie töpferte, sie betreute nicht nur die eigenen Enkelkinder, sondern auch noch Kinder aus der Nachbarschaft. Eine heile, für sie unkomplizierte Welt. Zufrieden mit dem, was sie hatte. Und das strahlte sie aus. Sie ruhte ganz in sich und wir konnten immer, wenn wir uns trafen, über irgendetwas herzhaft lachen. Ihr Lachen war so ansteckend, dass alle – egal, worüber sie lachen musste – mitlachten. Lachtränen.
Vor einem Jahr und heute: Weintränen. Tränen um eine Schwester, von der man glaubte, dass sie einfach immer bleiben würde. Als Institution, als Vorreiterin und Vorbild für uns zehn Geschwister, die uns den Weg freimachte, in vielerlei Hinsicht. Elly, ganze Schwester, dein fragender Blick, deine wissenden Augen, als wir uns vor der Trauerfeier für unseren Bruder trafen… Hätte ich nachfragen, hätte ich mich anschließend noch zu dir setzen sollen? Aber du warst schon gegangen, mit Jan und mit einer deiner Töchter, als ich dich suchte.

Ich habe dich nicht mehr gesehen. Wiedergesehen habe ich dich aber durch deine Kinder und Enkelkinder, durch Jan. Denn durch sie bist du immer noch da. Mit deiner Tatkraft, mit deinem Humor, und mit deiner ganzen Liebe für das Leben mit ihnen.

Gemeinsam aßen wir all deine Lieblingsgerichte, die deine Kinder gekocht und für unser Treffen nach dem Abschied von dir zubereitet hatten. Ich hätte schwören können, dich lachen zu hören. Immer wieder.

Ich brauche dein Lachen immer noch, Elly, denn ohne dein Lachen wäre unser Schwesterleben nicht komplett.

Auf dem letzten Foto, das ich von dir machte, lachst du auch. Ein bisschen. Auch wenn es ein anderes, ein neues Lachen ist... Ist es dein himmlisches Lachen?

Deine ganze Schwester Marie-Thérèse
Im Februar 2009 und 2010

Du konntest nicht alles zu Ende bringen ⁎ Als ich dich das letzte Mal besuchte, begrüßte mich Saartje, deine treue Hundefreundin, begeistert an der geöffneten Tür des Fahrstuhles. Sie konnte es kaum erwarten, mich zu dir zu bringen.

Dann kamst du mir entgegen: schmal, lächelnd, in der rechten Hand den Rucksack mit deiner Astronautennahrung und der schweren Pumpe für die Magensonde, die du schon seit Monaten mit dir herumschlepptest.

Es fiel mir nicht schwer, in deinen Augen zu lesen: Da waren Kummer, Wehmut, Weisheit und ein kleiner Hoffnungsschimmer. Du freutest dich, sagtest du, dass ich vom Schwarzwald, wo ich auf Lesereise war, auf dem Weg nach Hamburg den Umweg über Roermond machte. Plötzlich hattest du das Bedürfnis, mich in die Arme zu nehmen und mich ganz altmodisch drei Mal zu küssen. Du wolltest unbedingt Kaffee für mich kochen. Als du die Tür des Kühlschranks öffnetest, fielen dir Essensvorräte fast auf die Füße. »Hans, für wen ist das?«, entfuhr es mir erschrocken. Denn essen konntest du schon lange nicht mehr, nicht einmal mehr trinken.

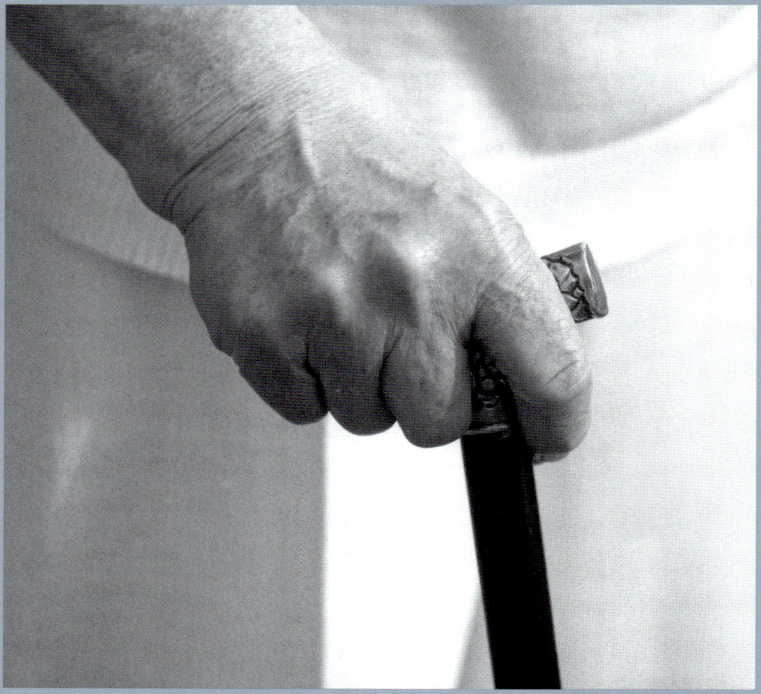

»Es kann doch Besuch kommen«, erklärtest du lächelnd, »und dann möchte ich gern alles im Haus haben.«
»Stört es dich nicht, wenn ich Sahnebeutelchen esse und den Kaffee trinke?«
»Überhaupt nicht.« Für einige Sekunden war unbeholfene Stille zwischen uns. Dann fragtest du, schüchtern: »Stört es dich, wenn ich meinen Schleim immer in diese kleine Schale fallen lasse? Dann brauche ich nicht jedes Mal zur Spüle in der Küchenecke zu gehen.«
Im Juni in der Maastrichter Universitätsklinik war deine erste Frage: »Hast du schon mal jemanden in so einem erbärmlichen Zustand gesehen?« Wut und Verzweiflung konntest du nur mühsam verbergen. Du hingst gleichzeitig an mehreren Infusionen und dein Urin wurde in einer durchsichtigen Tüte gesammelt. Du, der du immer wie aus dem Ei gepellt unterwegs warst.
»Ja«, antwortete ich ehrlich in deinem Krankenzimmer, in dem wir zum Glück allein waren, »und ich kann damit gut umgehen.«
In deinem Wohnzimmer nun setzten wir uns hin, du mit einem Tee, um den Mund zu spülen, ich mit duftendem Kaffee und Bergen von kleinen Sahnebeuteln, im Hintergrund spielte klassische Musik. Wir nahmen den roten Faden unseres intensiven Gesprächs wieder auf, mit dem wir im Juni in Maastricht angefangen hatten. Zwar telefonierten wir danach regelmäßig, jetzt saßen wir uns aber wieder gegenüber. Saartje, deine Jack-Russellhündin, schmiegte sich an mich. »Ich rede sogar mit Saartje«, gabst du vorsichtig zu.
»Das ist gut«, war meine Meinung, »du weißt doch, dass Hunde die besseren Menschen sind und du hast Hunde immer geliebt.« Schon waren wir in einem Dialog, der notwendig war für uns. Erinnerungen kamen und gingen. Es waren gute und schlechte, traurige und fröhliche.
Nicht immer waren wir Freunde, du und ich. Wir stritten uns oft und heftig. Du warst ein stolzer, eigenwilliger und sturer Bruder, der sich durch niemanden irritieren lassen wollte. Und schon gar nicht durch mich, deine um ein Jahr jüngere Schwester.
Irgendwann standen wir auf und du zeigtest mir eingerahmte Fotos von deinen

beiden Kindern, von Margriet, mit der du viele Jahre verheiratet warst, von Freunden und von den Hunden, die dich in deinem bewegten Leben begleitet haben. Du gabst mir die Post, die auf deinem Sekretär lag und die du seit deiner Krankheit bekommen hattest. Ich durfte alles lesen. Danach sprachen wir über die beiden alten Tempelleuchter, die vom jüdischen Teil unserer Familie stammten und die auf der antiken Truhe aus dem Familienbesitz standen. Die sieben Kerzen brannten nur am ersten Weihnachtstag auf dem Kaminsims im Wohnzimmer. Weihnachten, für uns zehn Kinder und die Eltern das schönste Fest im Jahr.
Mit einem Mal schobst du deinen Pullover hoch und öffnetest dein Oberhemd. Ich sah die Sonde, die dich am Leben hielt. Du wusstest, dass nach unserem ersten Gespräch in Maastricht das Eis zwischen uns langsam, aber beständig aufgetaut war. Dir war klar, dass du mir alles erzählen konntest. Du hast bis zur völligen Erschöpfung alles, was dir noch wichtig war und so weit du es zulassen konntest, mit mir besprochen. Dabei unterhielten wir uns offen über den Tod.
»Eigentlich möchte ich am liebsten umfallen und sofort weg sein. Aber es gelingt mir nicht. Ich bin immer noch da.«
Du atmetest tief und röchelnd. »Ich bin so müde.«
»Das sagte unsere Mutter im Krankenhaus auch zu mir, kurz vor ihrem Tod. Ich bin so müde vom Leben. Aber es gab auch bei Mutter noch Dinge, die sie regeln wollte. So wie jetzt, bei dir und mir.«
Wir tauschten uns aus über uns zehn Geschwister. Und darüber, dass lange nicht immer ›Friede – Freude – Eierkuchen‹ in der Familie herrschte. Ich hoffte für dich, dass deine Energie noch reichen würde, um auch mit den anderen Geschwistern zu sprechen, mit denen du bislang einiges noch nicht geklärt hattest. Im Laufe deines Lebens gab es eine andere, schleichende Krankheit, durch die du dich geändert und dich manchmal unbeliebt gemacht hast. Angefangen hatte die Abhängigkeit in deiner Studentenzeit. Es war der Alkohol, der letztendlich auch die Ursache für dein Krebsleiden in der Speiseröhre war. Ein schwieriges Thema, das wir berührten. Erstaunlicherweise überstanden wir diesen Gang über heikles Terrain. Wir unterhielten uns über die dadurch verpassten Chancen.

»Mein Kopf ist so voll. Ich denke über so vieles nach, auch das strengt mich so an.«
Plötzlich sagtest du: »Ich möchte hier in meiner Wohnung sterben.«
»Ich kümmere mich darum, ich gebe es weiter«, versprach ich. »Es wird dir gelingen, ich weiß es.«
»Was mache ich mit meiner Asche?«, fragtest du und dein Blick war wie früher: ein wenig spitzbübisch.
»Vielleicht bringst du sie persönlich weg?«, schlug ich vor.
Wir lachten und weinten gleichzeitig, wischten Tränen weg und putzen uns die Nase.
»Hast du noch Wünsche?«, fragte ich. »Was kann ich für dich tun?«
»Ich habe noch zwei Wünsche.«
»Lassen wir uns zuerst über deine Asche reden.«
»Ich möchte gern zu einer Stelle zwischen den Flüssen gebracht werden, wenn ich nicht mehr so bin wie jetzt. Zwischen Maas und Ruhr.«
»Und deine anderen Wünsche?«
»Ich möchte noch ein Mal richtig gut essen dürfen. Mit einem Glas Wein. Und dann wünsche ich mir, dass ich mit den Geschwistern, mit denen ich noch nicht alles besprechen konnte, reden kann, ehe ich sterbe.«
Obwohl du noch kleiner, als du schon warst, und so zerbrechlich aussahst, traute ich mich nicht, aufzustehen und dich in meine Arme zu nehmen. Saartje lag auf meinem Schoß und wärmte mich und meine Gedanken.
Ich war dankbar, hier mit dir zu sitzen, meinem sterbenden Bruder, und mit dir zusammen das Klavierkonzert Nr. 21 von Mozart zu hören, das wir irgendwann mal gemeinsam – mit Clara Haskil als Solistin – im Concertgebouw in Nijmegen genießen durften. Ich war siebzehn Jahre, du warst achtzehn. Es war eines ihrer letzten Konzerte. Kurze Zeit später starb sie, in Paris.
Du nicktest mir zu. Wir ließen uns von Mozart entführen und trieben davon, in unsere Jugend, die damals noch so hell, so heil und so vielversprechend war.
Danach brauchten wir uns dann nicht mehr viel zu sagen, es war Frieden zwischen uns. Du hattest versucht, dich mit deinem nahenden Tod weiter abzufinden.

Nach diesem Abend mit dir und auch am nächsten Morgen lief ich weinend durch die Straßen von Roermond. Mir war klar geworden, dass du gerne ein guter Bruder hättest sein wollen, auch in der Vergangenheit. Und ich eine bessere Schwester. Erst als du wusstest, dass du sterben würdest, verstanden wir beide, wieviel vom Leben an uns vorbeigerauscht war. Es tat so unendlich und so furchtbar weh. Aber diese Erkenntnis war auch ein Geschenk. Ein großes. Ein nachträgliches. Für uns beide. Wir nahmen es an.

In unserem letzten Gespräch am Telefon, das ich vier Tage vor deinem Tod von einem Hotelzimmer in Beirut aus mit dir führte, sagtest du: »Saartje liegt neben mir. Sie wärmt mich.«

»Vielleicht wärmt dich auch die Liebe von den Menschen, die gerade an dich denken. Die brauchst du jetzt.«

»Ich fühle sie«, flüstertest du, und ich konnte dich kaum verstehen. Das lag aber nicht an der riesengroßen Entfernung. Deine Stimme hatte dich schon fast ganz im Stich gelassen.

»Versuche so oft wie möglich, mit Saartje noch ein paar Schritte an den Fluss zu gehen. Verspreche es mir. Und erzähle deinem Hund alles, was du noch sagen möchtest. Saartje versteht dich, das weißt du.«

In Gedanken sah ich meinen Bruder deutlich vor mir, an unserem letzten gemeinsamen Morgen in seinem Lieblingsrestaurant am Hafen, direkt vor seinem Zuhause: der Nautilusclub. Es war sein zweites Wohnzimmer, hatte er mir gestanden. Dort nahmen wir uns noch einmal in die Arme und weinten zusammen, zum allerletzten Mal. An der Tür drehte ich mich immer wieder um und winkte.

Du auch, Hans. Die Bewegung deiner Hand war wie der zarte Flügelschlag eines kleinen Vogels, der die Orientierung verloren hatte. Aber ich musste gehen und für immer Abschied von dir nehmen. Uns war klar, dass wir uns nicht mehr wiedersehen würden. Aber der Rest unserer gefrorenen Tränen war geschmolzen, endlich.

Ein Wunsch ist in Erfüllung gegangen, Hans, mein älterer Bruder. Du bist am 9. Dezember 2008 zu Hause gestorben und du warst nicht allein. Du wurdest aufgebahrt in deiner Wohnung, und dort erzählten sich alle, die um dich herumsaßen,

Geschichten über dich. Über den Bruder, den Mann, den Vater, den Freund, der so war, wie er war: kauzig, sperrig, humorvoll und voller Ängste, seine echten, wirklichen Gefühle zu zeigen. Der es aber geschafft hatte, den Krebs durch den befreienden Tod zu besiegen.
Du bliebst noch 24 Stunden dort. Deine engsten Freunde, deine Kinder, Geschwister, Margriet, die Mutter deiner Kinder, und Saartje, deine Hundefreundin, trauerten zusammen um dich. Bei deiner Abschiedsfeier in der Kapelle hielt der kleine Hund neben deinem großen Sarg Wache.
Du konntest nicht alles zu Ende bringen, aber das Meiste. Und das war sehr viel für dich, Hans.
Ruhe in Frieden, nach all den Schmerzen, die du, ohne zu klagen, ausgehalten hast. Deine Unsicherheiten und deine Zweifel durftest du vorher fast ganz ablegen. Du bist noch zu einigen Einsichten gekommen in den letzten Tagen und Stunden deines Lebens. Vielleicht konntest du deshalb endlich sterben. Auch wenn ich in deinem Gesicht auf dem Totenbett immer noch die unvorstellbaren Schmerzen und das große Leid sah, so tröstete es mich, dass du es geschafft hattest. Irgendwie, und so, wie du immer warst: stolz und dennoch so verletzbar.
Lasse es dir gut gehen Hans, da, wo du bist.
Das wünscht dir von ganzem Herzen

Deine jüngere Schwester Marie-Thérèse
Dezember 2008 bis Februar 2010

Marie-Thérèse Schins

Inhalt